Louis Ménard et son œuvre

Philippe BERTHELOT

Alicia ÉDITIONS

Table des matières

Louis Ménard et son œuvre
Philippe BERTHELOT

LE DERNIER PAÏEN	7
L'HOMME	12
L'ŒUVRE	30
IDÉES HISTORIQUES	32
MÉDITATIONS RELIGIEUSES.	42
RÊVES SOCIAUX.	51

Symbolique des Religions
Louis Ménard

MYTHOLOGIE CHRÉTIENNE	59
LE VERBE	64
APOTHÉOSE DU FÉMININ	69

LE DERNIER APÔTRE DE L'HELLÉNISME   73
Extrait de son livre Le Voyage de Sparte
Maurice Barrès

Louis Ménard et son œuvre

Philippe BERTHELOT

PORTRAIT DE LOUIS MÉNARD PAR RENÉ MÉNARD.

LE DERNIER PAÏEN

Mais je ne puis toujours lutter ainsi dans l'ombre.

— L. M.

Au début de la Renaissance, pendant que l'interminable concile de Trente s'épuisait à fixer les points les plus délicats du dogme catholique, quelques cardinaux lettrés, souriant de cette vaine théologie, disaient : « Il faudra bien revenir aux dieux d'Homère. » Ménard pensait de même. Les dieux de la Grèce n'ont plus aujourd'hui ni temples, ni fidèles ; mais il leur prête encore une vertu vivante : qui sait si les saintes traditions des vieux âges ne dissiperaient pas les inquiétudes de la raison moderne ?

Comment Louis Ménard, un des esprits originaux de ce temps, doué des plus rares aptitudes, à la fois peintre et poète, savant et érudit, historien et critique d'art, admiré de Renan, de Michelet, de Gautier, de Sainte-Beuve, a-t-il pu tomber si complètement dans l'oubli ? A-t-il distrait la gloire en s'essayant dans des genres trop divers ? la moindre négligence la fait évanouir : pour une seule faute Psyché perdit l'amour d'Éros. Serait-ce qu'il n'a voulu jamais couper la queue du chien d'Alcibiade ? Ou bien l'ardeur de sa pensée démocratique a-t-elle éloigné de lui tous les craintifs amis des lettres. Peut-être son heure viendra : l'avenir rend volontiers justice aux morts.

Les tendances de cet esprit indépendant et curieux, qui mêle dans ses spéculations la philosophie à l'histoire et à l'art, et qui revêt d'une teinte de mysticisme ses rêves sociaux, donnent à ses écrits un caractère à part parmi ceux des contemporains. Il habitait Athènes aux jours de Phidias et de Sophocle, Alexandrie à l'école de Valentin et du grand Origène, et Paris enfin au milieu de nos plus rouges révolutionnaires.

Il se déclarait le prêtre de tous les dieux ; mais le culte qu'il leur rend est tout intérieur. S'il a renouvelé un jour le sacrifice de Ronsard, immolant des colombes à Vénus et couronné de roses, il ne put s'empêcher de rire quand Heredia refusa de communier en prenant sa part de l'offrande et dit : « Je n'aime pas le pigeon. » Il a pratiqué l'herméneutique, il a traduit les antiques symboles ; suivant les leçons d'Hypatie il retrouve d'ingénieuses allégories dans la mythologie des poètes et sait transformer les fables les plus absurdes en graves paraboles d'un sens profond et d'une haute moralité.

La religion antique divinisait les forces de la nature, rêvant une Océanide sous chaque flot de la mer, cachant une Dryade au creux des chênes de Dodone : la charmante mythologie des Nymphes rendait mieux compte que toutes nos abstractions de l'inépuisable variété de la vie universelle. On ne peut nier toute valeur à cet art admirable dont, quelques débris mutilés retrouvés sous les buissons de la Grèce et de l'Italie ont suffi à l'initiation des temps nouveaux : songeons à Michel-Ange aveugle palpant avec amour, de ses vieilles mains, le Torse du Belvédère. Si l'attraction universelle n'avait jamais été considérée comme une puissance active, une personne divine, nous pourrions avoir le système de Newton, nous n'aurions pas la Vénus de Milo.

Louis Ménard était polythéiste et chrétien. Il a expliqué avec une grande force d'originalité la mythologie chrétienne. Il partage entre Vénus et Marie l'encens désintéressé d'un prêtre de l'art : Aphrodite est la beauté visible, la Vierge est la beauté invisible. La religion grecque était celle de la nature, le christianisme est la religion de l'humanité. Le Christ est le Dieu du monde intérieur, type idéal du sacrifice de soi-même pour le salut de tous ; s'il est né d'une vierge, c'est que la pureté de l'âme peut seule engendrer l'idée du sacrifice. L'explication du mythe de l'Homme-Dieu est d'une qualité métaphysique supérieure.

Ce païen mystique étendait comme Bouddha son amour et sa pitié jusqu'à nos frères inférieurs, les animaux. La sœur de Claude Bernard, pour réparer les crimes de la physiologie expérimentale, a ouvert un asile de chiens : « Au jugement dernier cette offrande expiatoire d'une humble conscience de femme pèsera plus dans l'infaillible balance que toutes les découvertes de son frère. »

La doctrine de Ménard, comme celle d'Empédocle, est toute peuplée de fantômes ; les néo-platoniciens sont ses vrais ancêtres : il n'y a que ces Alexandrins tout imprégnés d'hellénisme qui puissent lui permettre de se dire à la fois païen et chrétien ; les débris de toutes les religions et de toutes les philosophies trouvent asile dans cette intelligence large, hospitalière, presque indéfinie et flottante ; elles s'y accordent, formant une musique étrange et charmante.

La question religieuse tient une grande place dans son système d'idées ; mais sa passion est toute philosophique, c'est un rêve de conciliation et de paix. Il croit avoir trouvé un terrain d'entente pour la religion et la science ; il apaise la querelle en l'élevant. Prêtre du passé, il est aussi un voyant de l'avenir : il regarde naître dans le peuple une religion nouvelle, le culte des morts. Que l'on partage ou non ses idées, on doit rendre justice à sa sincérité, à la gravité, à l'élévation, à l'originalité de ses vues. Son style si noble et si naturellement élégant, tout pénétré d'habitudes grecques, garde comme un parfum de platonisme : il compte peut-être moins sur l'inflexibilité des arguments que sur la beauté de sa grâce pour gagner les esprits.

Ses livres d'histoire abondent en suggestions ingénieuses et fortes : pour n'en citer qu'une, c'est lui qui a dit, pour la première fois, que les philosophes sont les auteurs de la décadence de la Grèce et les ennemis de la démocratie ; Socrate, le plus célèbre des sophistes, a été justement condamné, — il le dit et il le prouve. Jamais non plus on n'a montré avec plus de poésie et plus de profondeur le rôle des femmes dans la transformation des croyances : elles ont préparé pendant plusieurs siècles l'avènement du christianisme ; elles ont pris une part active à sa propagation : « Aux jours de sa passion et de sa mort, vendu par un de ses apôtres, renié par un autre, abandonné de tous ses disciples et de tous ses amis, Jésus vit des femmes en pleurs sur le chemin de son supplice. »

Le socialisme de Ménard n'est pas la partie la moins subtile de sa doctrine : il estime que la société est à refaire selon les principes de la justice. L'idée démocratique est née en Grèce ; pourquoi ne pas étudier les solutions diverses données aux problèmes sociaux dans les cités républicaines de l'Antiquité : l'impôt progressif de Solon, ou l'immense extension donnée au travail libre sous Périclès, ou le nivellement des propriétés par les rois socialistes de Sparte, Agis et Cléomène ? Ces solutions sont toujours simples et radicales, car l'Antiquité avait les audaces de la jeunesse et n'était pas entravée par les routines de la tradition. Ménard a payé de l'exil en 1848 son amour de la justice, et il n'a échappé que par un hasard aux responsabilités de la Commune ; jusqu'à sa dernière heure il a lu les journaux du peuple. Il écrivait à Rochefort : « Tous les matins je lis l'*Intransigeant* ; c'est mon absinthe. » Et cependant les socialistes restent défiants devant son mysticisme ; ils applaudissent quand il parle du poteau sanglant de Satory ; mais ils ne comprennent plus quand il dit : « Si l'on voulait donner au dogme républicain de la fraternité une forme vivante et plastique, on ne pourrait trouver une image plus belle que celle du juste mourant pour le salut des hommes. » En montant sur l'échafaud, Camille Desmoulins avait le droit d'évoquer le souvenir du Sans-Culotte Jésus. Le christianisme et la démocratie, qui faisaient bon ménage à Florence au Moyen Âge, se considèrent aujourd'hui en France comme irréconciliables.

Il y a pour la critique une figure à dégager dans ce rêveur solitaire, épris d'idéal et dédaigneux de renommée, qui poursuivait à l'écart ses études favorites, cherchant par toutes les voies la vérité et la poésie. Je voudrais parler ici de la vie de Louis Ménard avant d'exposer ses idées : les vicissitudes de la première expliqueront peut-être l'injuste dédain dans lequel sont tenues les autres. Non qu'il s'y fût prêté : avec sa modestie dédaigneuse il me disait : « Ne parlez pas de moi, parlez de mes idées. »

Je lui ai promis de bien parler de ces dieux d'Homère qu'il aimait, car il les avait compris ; ne faut-il pas apaiser cette ombre inquiète ? mais les âmes ne communiquent que par le sang répandu et je n'ose sacrifier aux dieux sans y croire. J'emploierai une de ces supercheries familières aux Grecs. Tout le monde n'était pas assez riche pour offrir une hécatombe, et les rois eux-mêmes promettaient plus qu'ils ne pouvaient tenir : aussi se contentait-on d'un petit bœuf, d'or si l'on était riche, de terre cuite si l'on était pauvre, et les dieux indulgents tenaient le vœu pour accompli ; Schliemann a retrouvé beaucoup de ces têtes portant une double hache figurée entre les cornes. Que les dieux de l'Olympe me pardonnent : je ne puis leur offrir qu'une statuette d'argile.

L'HOMME

Les rêves s'en vont avec l'espérance ;
N'importe : marchons seul, comme il convient aux forts.
Sans peur, sans regrets, marchons en silence
Vers la sphère sereine et calme où sont les morts.

— L. M.

Louis Ménard est né au cœur de Paris, le 19 octobre 1822, dans l'étroite et triste rue Gît-le-Cœur ; ses parents étaient tous deux Parisiens de naissance : son père, libraire et banquier escompteur, descendait d'une famille qui remontait rapidement à un paysan du Perche ; sa mère était originaire d'une famille de petite noblesse venue de l'Angoumois : un tableau du Louvre, placé dans la salle du XVIIIe siècle, représente une dame Mercier, nourrice du Dauphin, arrière-grand-mère de Louis Ménard ; c'est, comme il le dit « un pot au lait à mettre dans son blason ». Il était destiné aux lettres car son grand-père Rioux de Maillou était libraire dans la galerie de Bois au Palais-Royal et son grand-oncle de Senne, édita *le Vieux Cordelier* de Camille Desmoulins.

Avant d'entrer au collège, Ménard suivit, rue de Richelieu, les

L'HOMME

cours d'un professeur nommé Collard, fort à la mode, car il était précepteur du duc de Bordeaux et de sa sœur. Les parents assistaient aux leçons et c'est ainsi que la princesse de Beauvau y amenait sa petite-fille, Mlle de Lépinaye, dont le souvenir n'a jamais quitté Ménard : c'était une enfant toute mignonne, pâle et fluette dans sa robe de soie noire avec de grandes manches à gigot ; ses yeux bleus lui souriaient doucement. On n'était pas premier, second, mais président et présidente. En 1830 le cours fut supprimé et Louis Ménard entra à Louis-le-Grand. Il y trouva d'abord Frédéric Passy, en septième ; mais il ne se lia pas de cœur avec lui[1] : il se promenait presque toujours seul dans la cour des internes. En quatrième, il fit une autre connaissance : Baudelaire, qui le précédait de deux ans ; c'était déjà un singulier camarade, que son paisible dédain de l'administration fit bientôt renvoyer à Saint-Louis. Cousin, le bibliophile, cherchant dans la suite à donner une raison piquante de ce départ, a renvoyé les curieux à la deuxième églogue de Virgile : mais cette petite note perfide, publiée chez Pincebourde, ne répond à rien de réel. Baudelaire et Ménard eurent en 1837, chacun dans sa classe, le prix de vers latins au concours général. Wallon, que notre auteur eut pour professeur d'histoire[2], lui donna l'amour de la Grèce et c'est à Jules Simon, son professeur de philosophie, qu'il attribue son scepticisme. Entré à l'École normale en 1843, Ménard n'y resta que deux mois : car il avait déjà un goût très vif de la liberté. Il publia la même année son premier volume de vers *Prométhée délivré*, à ses frais, sous le pseudonyme de Louis de Senneville. C'est un poème philosophique écrit sous l'influence de Byron ; le poète, qui n'a jamais été tendre pour ses vers, a dit plus tard que c'était un travail de rhétorique ; les vers ont pourtant une belle tenue et rappellent souvent Vigny :

> *Et les sages m'ont dit : « Tes prières sont vaines ;*
> *Notre voix est si faible et le ciel est si loin !*
> *Sois fort et prends ta part des misères humaines,*
> *Tes maux n'ont dans le ciel ni juge ni témoin. »*

Un seul critique s'occupa de ce drame lyrique ; ce fut Baudelaire qui éreinta son ami dans un article intitulé : « Qu'est-ce que la poésie philosophique ? Qu'est-ce que M. Edgar Quinet ? » Ménard ne lui rendit pas la pareille quand Baudelaire vint lui lire son drame de *Mazaniello*, qui n'a jamais paru.

Ménard était intarissable sur le compte de Baudelaire. Celui-ci vint un jour le chercher et l'emmena à Châtillon dans une guinguette : « Les journaux à grand format me rendent la vie insupportable », dit-il (c'était une de ses plaintes favorites), « j'ai décidé de me tuer ; peux-tu me préparer de l'acide prussique ? je m'embarquerai et boirai la fiole en pleine mer. » Ils discutèrent gaiement du meilleur mode de suicide et s'arrêtèrent au poignard ; puis ils se grisèrent de vers jusqu'au soir. Voyant l'ombre descendre sur la tonnelle, Ménard émit la prétention de rentrer dîner, car ses parents l'attendaient. Mais Baudelaire s'indigna : « C'est la dernière journée que nous passons ensemble et tu ne penses qu'à la régularité de ton repas ! Dis-moi encore des vers. »

Ils se quittèrent enfin et se dirent adieu. Deux jours plus tard, Privat d'Anglemont vint trouver Ménard : Baudelaire avait disparu, après avoir demandé avec insistance à Cousin « son avis sur l'immortalité de l'âme ». On convint de s'informer chez Banville, qui s'écria : « Tout s'explique ! il m'a envoyé ses manuscrits pour les publier après sa mort. » Aussitôt chacun voulut les voir et l'on s'égaya fort de lire des annotations dans ce genre : « Faites votre possible pour ne pas publier ceci... » « Rien de plus simple », dit Banville, et il jeta le poème au feu ; puis l'on parla d'autre chose. Ménard, plus sensible et très inquiet, courut chez la maîtresse de Baudelaire, Jeanne Duval, qui demeurait rue de la Femme-sans-Tête : une dame à cheveux blancs (sa mère) vint ouvrir et appela : « Jeanne ». Aussitôt une grande mulâtresse nonchalante, drapée de satin jaune, arriva en se balançant et, sur l'assurance qu'il ne s'agissait pas d'un créancier, raconta que Baudelaire, voulant frapper sa mère et faire payer ses dettes par son beau-père, le général Aupic, avait été se suicider dans leur quartier : il s'était à peine blessé et était soigné chez ses parents. À quelque temps de là, Baudelaire rencontra Ménard et lui parla négligemment de littérature ; il se fit prier beaucoup avant de se décider à raconter son suicide.

« J'ai été rue de Richelieu dans un cabaret, avec cette fille que tu connais ; j'ai enfoncé le couteau, mais je ne sentais rien, alors j'ai appuyé plus fort ; à quelque temps de là j'ai été réveillé par un ronronnement ; j'étais chez le commissaire de police qui déclamait : « Vous avez commis une mauvaise action ; vous vous devez à votre patrie, à votre quartier, à votre rue, à votre commissaire de police ! ». Et Jeanne le calmait en criant : « Vous avez tort de lui dire cela ; s'il vous entend, je vous préviens qu'il est très brutal. » On m'a porté dans ma famille ; maman copiait mes vers ; mais cela ne pouvait durer : on ne boit chez elle que du bordeaux et je n'aime que le bourgogne. Je suis parti ; pour le moment je suis sans domicile ; quand vient la nuit, je m'étends sur un banc. » C'était là une des prétentions de Baudelaire, que l'on savait riche et dandy, mais qui tenait beaucoup à passer pour un bohème misérable. En s'en allant, il dit encore : « Je vais travailler pour les Jésuites. »

Les relations de Ménard avec Leconte de Lisle (arrivé à Paris en compagnie de Paul de Flotte en 1846) datent de la même époque : Thalès Bernard le découvrit passage des Beaux-Arts. Les premiers vers de Leconte de Lisle avaient paru dans la *Phalange*, journal de Victor Considérant, où se réunissaient tous les mercredis les phalanstériens. *La Démocratie Pacifique* ne tarda pas à prendre la place de la *Phalange* et le poète fut chargé de la lecture des manuscrits : mais son incroyable sévérité ne lui permit pas de continuer longtemps : il dut se contenter de collaborer au journal. Thalès Bernard et Ménard savaient par cœur tous les vers de Leconte de Lisle et tous trois ne tardèrent pas à se lier intimement. Un soir, ils partirent pour passer la nuit dans les bois de Meudon et éprouver la majesté des bois dans l'ombre. Ils s'installèrent chacun dans un arbre et Thalès, plein d'enthousiasme, prophétisa : « Ô panthéisme, tu m'inondes ! » Cependant la fraîcheur de la nuit les glaçait ; ils rentrèrent à pied au petit jour, désappointés et transis. Tous trois éprouvaient une même passion pour la Grèce : Ménard, enthousiaste et érudit, révélait les sens profonds des grands symboles de l'hellénisme et récitait des vers d'Homère et d'Euripide. Leconte de Lisle, ironique d'abord, appelait Ménard le « seigneur Crépuscule », par allusion à son explication du mythe d'Hermès ; mais il se laissa peu à peu initier, et plus tard il aimait à rappeler la grande influence exercée sur lui par son ami, et ces conversations où son art s'est élargi et humanisé. Quant à Baudelaire, il ne plut jamais à Leconte de Lisle ; leur première rencontre fut significative. Baudelaire lui dit : « Si j'avais un fils je lui apprendrais à ne tenir aucun compte des préjugés de la morale. Je lui conseillerais d'abord la sodomie. — Cela va de soi, répondit froidement Leconte de Lisle, la sodomie est universellement admise. »

Brusquement la curiosité d'esprit de Ménard le jeta dans une voie nouvelle. Dès le collège il aimait la chimie « comme une maîtresse » ; il n'avait pas cessé de manier les cornues et entra dans le laboratoire du chimiste Pelouze : ce furent quelques mois d'études acharnées et délicieuses, couronnées par un résultat presque immédiat. Le 9 novembre 1846 il présentait à l'Académie des Sciences, qui l'inséra dans ses comptes rendus, une petite note ainsi conçue : « MM. Florès Domonte et Louis Ménard, qui s'occupent en commun d'un travail sur la xyloïdine, ont constaté que cette substance est très soluble dans l'éther. » Le collodion était inventé. Ironie des choses ! Cette grande découverte, rendue plus tard si importante par ses applications au traitement des plaies, à la chirurgie, aux matières explosives, et par son emploi décisif pour la photographie, passa presque inaperçue. Son auteur même n'en tira aucun avantage. Il en fut d'ailleurs presque aussitôt dépouillé : en 1847, un Américain du nom de Maynard, étudiant en médecine à Boston, eut l'idée d'appliquer le collodion au traitement des plaies ; le savant français dédaigna de réclamer son bien ; depuis lors les dictionnaires de chimie, trompés par la similitude des noms, attribuent la découverte à l'étudiant américain ; sans les rectifications imposées par M. Berthelot l'erreur durerait encore, car Ménard s'en était désintéressé.

Il continua quelque temps ses expériences et, le 8 mars 1847, l'Académie des sciences insérait une nouvelle communication : en traitant par l'acide nitrique fumant les corps de la famille du sucre, glucose, sucre de lait, mannite, il obtenait des matières blanches solubles dans l'éther et l'alcool ; puis, précipitant ces matières de leur dissolution nitrique par l'acide sulfurique, il réussit à cristalliser la marmite nitrique. La nitro-mannite, dont la préparation est fort coûteuse, est peut-être le plus puissant explosif connu : Ménard a gardé toute sa vie sur sa cheminée son petit flacon. On voit combien il était près des grandes découvertes modernes, avec le collodion et la nitro-mannite. Mais il ne prévoyait pas alors les conséquences de ses travaux.

Ce premier essai l'encouragea cependant et il s'associa aux recherches de Paul de Flotte et de Tessier du Motet qui croyaient avoir découvert la transmutation des métaux. Paul de Flotte est ce cœur généreux que sa passion démocratique fit déporter en 1848, proscrire en 1852, et qui tomba héroïquement au combat de Solano, en 1860, à la tête des volontaires français qu'il amenait à Garibaldi. Il s'occupait en 1847 de faire de l'or. Ménard tenta à ses côtés la fabrication du diamant : il cherchait la cristallisation du carbone, par la voie humide et la décomposition lente de matières organiques ; il avait disposé ses expériences dans une série de petits tubes et attendait patiemment. Sur ces entrefaites l'année 1848 commençait : de Flotte se jeta aussitôt dans la mêlée ; devenu président du Club Blanqui, il abandonna son laboratoire et toutes les expériences commencées :

— J'ai jeté tous vos petits tubes, dit-il à Ménard.

— N'avez-vous rien vu de particulier ? s'écria celui-ci.

— Si : l'un d'eux contenait un petit cristal brillant.

— Malheureux, c'était du diamant, gémit le pauvre chimiste.

Telle fût sa dernière expérience ; il ne devait plus jamais s'occuper de chimie.

Passionné de justice, enivré des souvenirs de la liberté antique, Louis Ménard ne tarda pas à quitter le ministère de la Marine où il était entré comme surnuméraire : chaque jour il abandonnait son chapeau à sa place et quittait le ministère pour courir manifester. On lui fit de sérieuses observations ; rempli de rêves humanitaires, il eut l'idée de se faire envoyer aux colonies pour émanciper les esclaves et se fit présenter à Schœlcher mais il ne parvint pas à le convaincre de sa vocation. Il se jeta alors dans le mouvement révolutionnaire avec Leconte de Lisle, qui s'était fait déléguer par le « Club des Clubs » en Bretagne pour préparer les élections : celles-ci furent déplorables. « Vous vous figurez difficilement l'état d'abrutissement, d'ignorance et de stupidité naturelle de cette malheureuse Bretagne », écrivait Leconte de Lisle à son ami. En même temps le Club des Clubs le laissait en détresse à Dinan : il revint, dégoûté de l'action, mais gardant sa foi républicaine. Louis Ménard, transporté d'indignation par les fusillades des prisonniers pendant les journées de juin, publia dans le *Représentant du Peuple*, le journal de Fauvety et de Proudhon, des vers politiques (intitulés *Gloria Victis*) et toute une suite d'articles vengeurs, qu'il réunit en volume sous le titre de *Prologue d'une Révolution*.

Poursuivi en même temps que le journal, Louis Ménard fut condamné, le 7 avril 1849, à quinze mois de prison et dix mille francs d'amende. Cette condamnation politique mena le poète à Londres d'abord, où Louis Blanc le reçut avec sympathie : mais Ménard ne le considérait pas comme assez avancé ; sa passion allait à Blanqui qui avait alors contre lui la presque totalité du parti républicain. Leconte de Lisle soutenait son courage par des lettres admirables : il disait son désespoir du rôle néfaste joué par Proudhon : « Je ne saurais t'exprimer, écrivait-il, toute la rage qui me brûle le cœur en assistant dans mon impuissance à cet égorgement de la République, qui a été le rêve sacré de toute notre vie. » Il s'inquiétait aussi de voir son ami proscrit et s'efforçait de le ramener dans les voies de l'art : « Vas-tu passer ta vie à rendre un culte à Blanqui, qui n'est après tout qu'une sorte de hache révolutionnaire. Va ! le jour où tu auras fait une belle œuvre d'art, tu auras plus prouvé ton amour de la justice et du droit qu'en écrivant vingt volumes d'économie. »

Louis Ménard cependant avait été rejoint par son frère René qui avait obtenu de Charles Blanc (resté directeur des Beaux-Arts) la commande d'une copie de Rubens à Anvers : les deux frères copièrent l'*Adoration des mages*, et leur toile doit noircir dans quelque église de province ; ils peignaient tous deux avec distinction. Louis revint ensuite à Bruxelles où il fréquentait le café des Réfugiés français ; la police belge les avait mis « en carte » : toutes les semaines ils devaient signer un registre à la Préfecture de police. Le milieu était peu intellectuel : c'étaient des discussions continuelles, des querelles de femmes, des duels incessants, ridiculement interrompus par les gendarmes belges. Ménard préférait la société des révolutionnaires allemands Karl Marx, Engels : il leur lisait ses vers, et Marx, enthousiasmé par la passion que respirent ces iambes, les envoya au poète allemand Freiligrath, qui les fit paraître en français (sous le titre d'*Adrastée*) dans la *Neue Rheinische Zeitung*.

Cependant les années passaient. L'amnistie de 1852 permit aux

L'HOMME

proscrits de rentrer en France. Ne pouvant plus faire de politique, sans parvenir pourtant à en détourner sa pensée, Ménard s'attacha de plus en plus à l'étude des civilisations antiques, qui lui permettaient de formuler ses revendications démocratiques sous le couvert de la Grèce républicaine. Mais cette évolution se fit peu à peu. Il venait de faire de la peinture et des vers, il continua d'abord : vivant à Barbizon, à Toucques où il connut Troyon, à l'Isle-Adam avec Jules Dupré ; il se lia aussi avec Rousseau qui lui donnait des conseils excellents. Comme Ménard admirait un jour deux toiles représentant, l'une, une ferme très travaillée et qui semblait achevée, l'autre, une forêt qu'il croyait à peine ébauchée, Rousseau lui dit : « Vous vous trompez ; la forêt est terminée et la ferme a encore besoin d'un long travail. Quelle idée se fait-on d'une forêt ? On y passe rapidement, on en garde une impression confuse, trouble, de lumière et de couleurs. Dans une ferme au contraire on s'arrête ; on remarque les plus petits détails ; tout doit y être très précis, très fini. » Dans la colonie de peintres installée à Barbizon, se trouvait un certain comte de Varenne qui invita Ménard et son frère René à le venir voir à Paris : ils trouvèrent une assemblée nombreuse et Louis fut placé par le hasard près d'un jeune homme avec lequel il sympathisa aussitôt : il lui fit un éloge enthousiaste de Blanqui ; l'autre répondait avec douceur : « Je ne suis pas complètement de votre avis, mais continuez, car vos opinions m'intéressent vivement. » C'était Guillaume Guizot. Il invita Ménard à venir le voir aux Champs-Élysées et le reçut toujours très courtoisement ; il ne laissait pas mal parler des révolutionnaires quand son hôte était là. Dans une de ces visites naquit l'idée des *Lettres d'un mort*. Ménard devait dans ce livre exposer les opinions d'un païen sur la société moderne et Guillaume Guizot se chargeait de rédiger les impressions d'un vivant qui retrouverait la société antique : mais il ne fit pas sa partie. Les *Lettres d'un mort*, dont l'audace empêchait la publication à Paris, parurent dans une revue belge, la *Libre recherche*.

Ménard n'abandonnait pas ses amis de lettres. On se retrouvait tous les soirs chez Thalès Bernard, qui tournait au mysticisme comme sa sœur, religieuse et missionnaire en Chine ; Leconte de Lisle faisait des bouts-rimés sur l'infini et terminait son premier volume de vers, qui allait être édité par souscription en 1853, peu avant celui de

Ménard. On rencontrait chez Thalès tous les adorateurs de la Grèce : Bermudez de Castro, qui fut ministre d'Espagne à Athènes et revint, furieux d'avoir vu les véritables Grecs et leur affreux pays de poussière ; Tessier du Motet, qui prétendait que George Sand s'était donnée pour cent sous à l'un de ses amis et en fournissait la preuve : « J'ai vu la pièce de cent sous ! » ; l'ouvrier socialiste Dubois, qui se vantait de n'avoir jamais prononcé le nom de Dieu, même en jurant ; le pauvre poète Cressaut, qui avait envoyé à Garibaldi une pièce de vers qui se terminait ainsi :

Et comme aux fiers guerriers il faut de fiers poètes
Laisse-moi te haïr !

Il habitait au cinquième étage et fut obligé de déménager le jour même où Ponsard emménageait au premier : « On me renvoie, disait-il avec indignation, pour loger un Ponsard ! » La bohème de ce temps était dure : ce n'était pas celle de Murger, qui a bordé de lilas l'amer chemin de la jeunesse. Leconte de Lisle arrivait tout juste à ne pas mourir de faim ; il habitait tantôt chez un ami, tantôt chez un autre ; et cela dura vingt ans. Son courage ne fléchissait pas cependant. Il écrivait à Ménard : « Tu me dis que personne n'a lu tes vers, si ce n'est moi. Voilà une magnifique raison ! Qui diable a lu les miens ? Toi et de Flotte. Au surplus qu'est-ce que cela fait à tes vers et aux miens ? Tu sais bien que tout ceci rentre dans l'ordre commun. Se désespérer d'un fait aussi naturel, aussi normal, aussi universel, c'est se plaindre de ne pouvoir décrocher une étoile du ciel. » Le petit cénacle réuni chez Thalès avait fondé une religion et pris le nom de *Club théagogique* (théagogue formait une rime admirable à mystagogue et à démagogue) : ses membres reprenaient l'idée de la métempsycose en l'adaptant aux connaissances astronomiques du temps ; la vie future aurait été une transmigration d'étoile en étoile. Leconte de Lisle acceptait absolument cette conception.

Ménard s'amusait aussi avec Leconte de Lisle à faire des parodies de Baudelaire qu'ils envoyaient à la *Revue des Deux Mondes* en les signant « Courbet ». La Revue venait de publier des vers de l'auteur des Fleurs du mal en les accompagnant d'une note pour s'excuser, disant qu'elle les donnait « comme une marque de certaines défaillances de la jeunesse littéraire, sans les approuver ni les discuter. »

Une pièce de vers inédite et fort amusante, parodie du *Dies irae*, que Ménard envoya à Leconte de Lisle un jour de pluie, passé à Toucques avec son frère, rendra plus vivant ce petit groupe, si loin de nous déjà.

> **DIES PLUVIAE**
> *Il est un jour, une heure, où le paysagiste*
> *Las de porter son sac et sa boîte à couleurs*
> *S'étend sur son lit, fume, et bâillant d'un air triste*
> *Se retourne, pensif vers les littérateurs.*
>
> *Il pleut trop aujourd'hui pour dessiner des vaches.*
> *Lassés du mauvais temps qui ne veut pas finir*
> *Nous dîmes : « Écrivons à ces vieilles ganaches ! »*
> *Ainsi nous évoquions votre cher souvenir.*
>
> *Nous voyions assemblé le club théagogique*
> *Dubois, Marron, Thalès et de Lisle et Cressaut*
> *On y pleure Léon, qui pend en Amérique,*
> *On y regrette aussi Bermudès de Castro.*
>
> *Ô la chambre à Thalès, le tabac et la pipe*
> *Les grandes visions de ces êtres pensifs*
> *Ruminant des bons mots du temps de Louis-Philippe*
> *Et suant à chercher des dieux définitifs.*

En 1855, Louis Ménard publia les *Poèmes*, livre aujourd'hui introuvable, précédé d'une préface d'une grande hauteur philosophique et d'une belle netteté de langage qui se terminait par ces paroles si simples : « Je publie ce volume de vers qui ne sera suivi d'aucun autre, comme on élève un cénotaphe à sa jeunesse. Qu'il éveille l'attention ou qu'il passe inaperçu, au fond de ma retraite, je ne le saurai pas. Engagé dans les voies de la science, je quitte la poésie pour n'y jamais revenir. » Bien des années plus tard, à la fin de sa vie, il ajoutait : « Mon attente n'a pas été trompée : la critique a gardé le silence sur mon livre et je ne m'en plains pas. Ce silence de la presse m'a rendu service en me détournant d'une voie sans issue. » Qu'il soit permis de regretter cette décision si ferme, cette condamnation si modeste d'un beau talent poétique : les admirables sonnets stoïciens et bouddhiques, parus vingt ans plus tard et pour lesquels Renan avait un goût si vif, montrent tout ce que l'on pouvait attendre de Ménard. Parmi les pièces d'un ton si varié de ce petit volume le poète a glissé, sous le nom de *Cremutius Cordius*, sa protestation contre les huit millions de voix qui ont voté l'Empire.

Selon la coutume il envoya son livre aux « grands hommes » : aucun ne lui répondit, et pas un journal ne parla des vers de Ménard. Quelques années après, il a retrouvé sur les quais l'exemplaire dédié à Vigny, portant en marge de longues annotations du poète : il a gardé précieusement ce livre. Les Parnassiens, à qui il apprit le grec, ne lui ont pas fait parmi eux la place qu'il mérite. Dans le Parnasse de 1865 on publia bien son sonnet : *Erynnis*, mais en remplaçant le titre par celui incompréhensible de *Jenny*, qui devint lui-même, sur l'avis de Catulle Mendès, *Ennui*. Dans le *Nouveau Parnasse* Lemerre refusa d'insérer les vers politiques de Ménard et l'absence de son nom est singulièrement choquante. Plus tard, Leconte de Lisle et Heredia[3] lui ont rendu justice en avouant que les Parnassiens tenaient leur substance esthétique et philosophique de ses graves leçons. Anatole France, de son côté, n'a cessé de rappeler le rôle initiateur joué dans le mouvement néo-grec par l'adorateur intelligent des dieux primitifs, par le commentateur dévot de la théologie hellénique : est-il permis de rappeler ici que l'un des plus beaux livres de cet admirable chroniqueur, *Thaïs* est inspiré d'une nouvelle de Ménard, l'*Ermitage de Saint-Hilarion*, véritable petit chef-d'œuvre qui soutient au moins la comparaison.

Un article qu'il fit sur Renan dans la *Revue philosophique et religieuse* de Fauvety, ouvrit à Ménard son salon : il attira de suite l'attention et gagna l'estime du grand philosophe. C'est là aussi qu'il connut M. Berthelot, avec lequel il se lia : il venait souvent déjeuner à Sèvres pendant la belle saison, et faisait avec lui des promenades péripatéti-

L'HOMME

ciennes dans les bois paisibles de Chaville et de Viroflay, du rond-point de l'Arbre-Vert au carrefour du Hêtre Rouge. C'est sous cette influence et celle de Renan que Ménard se décida à donner un corps à ses idées sur la Grèce, la morale primitive et le polythéisme hellénique ; il songeait alors à entrer dans l'enseignement des Facultés, où sa profonde connaissance du grec lui eût assuré un brillant avenir. Il décida, en 1859, de passer son doctorat et rédigea sa thèse latine sur la *Poésie sacrée des Grecs* : il la composa d'abord en grec. Sa thèse française portait sur la *Morale avant les Philosophes* : la nouveauté et la hardiesse des idées firent hésiter la Faculté ; elle céda, cependant, et la soutenance fut un véritable triomphe. Comme on l'a dit joliment, il a donné là le « Génie du Paganisme ». Le nouveau docteur rêvait de partir pour la Grèce ; Beulé s'y prêtait ; mais la décision définitive dépendait d'un fonctionnaire nommé Cerveau, qui refusa tout appui à l'auteur d'une thèse qui peut se résumer « le Polythéisme est la meilleure des religions, puisqu'il aboutit nécessairement à la République. »

Ménard reprit philosophiquement ses pinceaux. Il enferma tous ses livres dans une caisse qu'il cloua fortement et sur laquelle il empila des habits. Puis il s'en fut prendre des vues dans la forêt de Fontainebleau : sous-bois du Bas-Bréau, genévriers du Long-Rocher, cerfs au bord de la Mare-aux-Fées, exposés régulièrement aux Salons pendant dix ans, à partir de 1859. Malgré le suffrage précieux de Théophile Gautier, on croit encore que, de toutes les études que Ménard aborda, la peinture fut celle où il témoigna le moins de maîtrise. Lui-même, découragé par l'indifférence du public, avait perdu toute confiance et ne toucha plus un pinceau pendant les quarante dernières années de sa vie. Une exposition prochaine de ses œuvres (projetée par quelques peintres qui n'ont pu les voir sans émotion entassées dans la poussière où il les avait jetées) montrera qu'aucune de ses études n'est banale ; si elles manquent un peu de métier, elles ont un grand charme et traduisent toutes avec finesse un sentiment artiste de la nature. L'art moderne lui doit d'ailleurs un peintre excellent, son neveu René Ménard, élevé dans son atelier, et qui a réalisé ce que son oncle avait rêvé d'être ; il a reçu de lui son amour de la Grèce, la compréhension de la poésie et de la nature antiques, la meilleure part de son talent ; on retrouve dans toutes les toiles de René ces belles teintes rousses et ambrées, répandues sur les lointains, le ciel, les arbres et la mer, combinaison harmonieuse qui distingue déjà les toiles de Louis Ménard.

Il portait dans la peinture son ingénieux esprit et créa le type de la *Centauresse*, négligé jusqu'à lui ; ce tableau ne fut pas admis au Salon, mais exposé au Salon des refusés, que Napoléon III avait organisé pour consoler Mme de Rothschild, d'un échec semblable. Fromentin passant par là, fut frappé de cette idée et fit à son tour une *Centauresse allaitant ses petits* qui eut un vif succès (immérité d'ailleurs). Le sort ménageait une revanche à Ménard : le philosophe Renouvier[4] s'était épris de la Centauresse il l'acheta deux cents francs et l'emporta dans son ermitage métaphysique d'Avignon où elle doit être encore. C'est le seul tableau qu'il ait vendu.

Dégoûté de la peinture, Ménard revint aux lettres, qui, du moins, ne coûtaient rien : il réunit ses théories si ingénieuses sur la poésie grecque, les mystères, les oracles, l'art, dans un volume le *Polythéisme hellénique*, qui parut en 1863, « livre admirable de force et de bon sens » dit Michelet, dans la *Bible de l'Humanité*. Construit à la manière de Taine, très fortement appuyé, rédigé dans une langue éloquente et élevée, c'est le complément de la *Morale avant les Philosophes*. Il continua ses travaux d'érudition et, sur le conseil de Maury, concourut pour le prix offert par l'Académie au meilleur travail sur les livres d'*Hermès Trismégiste* : ce sont les derniers monuments du paganisme ; ils font comprendre comment le monde a pu passer de la religion d'Homère à la religion chrétienne. Ménard eut le prix et demanda à Renan une petite préface : celui-ci accepta avec empressement et lut le soir même à l'auteur ses deux pages d'introduction ; elles débutaient ainsi : « Il est plus facile de montrer comment les dogmes finissent que de dire comment ils commencent. »

— Vous trouvez ? dit Ménard.

— Ce n'est pas votre avis ? rien de plus simple ! répondit Renan avec son doux scepticisme, et il corrigea : « Il n'est *pas* plus facile de montrer comment les dogmes finissent que de dire comment ils commencent. » Ménard avait conservé le manuscrit qui porte encore la marque de cette spirituelle correction. L'article se terminait par ces mots : « Le rare talent de M. Ménard, ses idées philosophiques et reli-

L'HOMME

gieuses qui se rapprochent de la manière de sentir des grands penseurs païens des premiers siècles de notre ère, sa riche langue poétique et métaphysique le désignaient admirablement pour traduire ces livres singuliers. Il ne les a pas rendus clairs, et certes, s'il l'eût fait, c'eût été la plus grave des infidélités. » Louis Ménard courut encore avec succès quelques prix académiques : *Études sur la sculpture antique et moderne*, *Histoire générale de l'art* : mais ce sont des ouvrages de vulgarisation, quelle que soit leur conscience. Dans ce dernier ouvrage, il signale avec beaucoup de force, avant Ravaisson, une statue d'Arès que l'on peut grouper avec la Vénus de Milo : c'est l'Achille Borghèse ; l'une de ces statues a été trouvée en Grèce, l'autre en Italie.

La réputation de Ménard commençait à s'étendre : ses doctrines sur les origines du christianisme, ses théories si originales et si éloquentes sur l'hellénisme avaient frappé tous les hommes d'érudition et de goût. Mais la guerre éclata, qui allait détourner l'attention, et la Commune, qui éloigna de lui tous ses amis. Ses idées avaient cependant obtenu la consécration suprême : il avait fait un disciple. Lamé, esprit exalté, mais d'une rare distinction ; il est vrai qu'il ne le garda pas longtemps ; après avoir prié Brahma toute une nuit, il se jeta par la fenêtre en disant : « Je m'élance dans l'éternité. » Droz ne voulait pas croire à cette mort extraordinaire : « Je savais qu'il était fou, disait-il à Ménard, mais je croyais que c'était comme vous. »

Pendant le siège, Ménard resta à Paris, où il recevait par pigeons de petites lettres photographiques d'après le système de d'Almeida, avec des nouvelles de sa mère et de sa sœur qui s'étaient réfugiées à Londres. Aussitôt après le siège il les rejoignit ; mais, en route, il tomba gravement malade d'une pleurésie et dut rester longtemps en Angleterre pour se remettre. Cette maladie lui sauva probablement la vie en l'empêchant de prendre part à la Commune, dans l'état d'exaltation où l'avait jeté la guerre. À peine de retour à Paris, ses sentiments se firent jour : désespéré de n'avoir pu remplir ,ce qu'il considérait comme son devoir en 1871, il écrivait à Jules Vallès : « On demandait pour Paris les franchises qu'ont toutes les communes de France : ils ont répondu par les bombes de Versailles, les mitrailleuses du Père-Lachaise et le poteau de Satory. » Il flétrit la conduite de Louis Blanc, il supplia Michelet dans une lettre éloquente de réhabiliter la

Commune : « Quand vous aurez parlé de la mort héroïque de Delescluze, de l'honnêteté de Jourde, des bonnes intentions de la plupart, vous laisserez les autres dans la nuit d'où ils n'auraient jamais dû sortir ; vous flétrirez les vrais coupables, ceux qui ont repoussé toute tentative de conciliation, l'un, parce qu'on n'est assuré du pouvoir que quand on a sauvé la société ; les autres, pour venger l'Empereur et l'Empire sur la ville révolutionnaire ; enfin et surtout, les plus odieux de tous, ceux de la gauche, nos représentants, nos élus, qui sont restés là, muets, cloués sur leurs bancs par l'intérêt et par la peur, pendant le plus épouvantable massacre qui soit dans l'histoire. Ce rôle est digne de vous ; en l'acceptant, pendant que la persécution dure encore, vous aurez le bonheur intime d'avoir préparé, comme Camille Desmoulins, la réaction de la pitié. » Michelet répondit, le 18 juin 1872 : « J'ai commencé le XIXe siècle, cher monsieur, et je ne sais si je le continuerai longtemps ; pour le temps actuel, tout cela est encore bien mal expliqué. Je vous remercie de me croire digne de débrouiller une énigme aussi obscure. »

Brûlé par la passion politique, blâmé par ses amis qui s'écartaient de lui, Ménard se retira dans la solitude et peu à peu retomba dans l'oubli. De cette méditation solitaire sortit un livre exquis : les *Rêveries d'un païen mystique*, petit volume mêlé de prose et de vers où, dans une série de dialogues entrecoupés de sonnets, il a donné comme la fleur de sa pensée et de son talent. Le livre débute par un dialogue intitulé : le *Diable au café*, d'un tour philosophique si vif, qu'à deux reprises on l'a attribué à Diderot. Merlet le citait avec admiration comme un chef-d'œuvre de ce grand écrivain et la *Bibliothèque Universelle* le donne comme un manuscrit inédit de Diderot publié par Ménard. Jules Simon lui disait : « Quelle preuve pourrez-vous donner maintenant que ce n'est pas de lui ? »

Encouragé par le succès, Ménard se décida à rédiger *L'Histoire des Grecs*, qui parut en 1884. Il y mêle l'histoire de l'art à l'histoire politique, mettant sous nos yeux tous les monuments de la sculpture et de la numismatique, commentaires éloquents d'Homère et de Sophocle : Schlegel conseillait de même à ceux qui ne savent pas le grec de regarder les statues antiques. Cette histoire est le seul ouvrage d'ensemble que nous puissions opposer aux travaux allemands et anglais ;

L'HOMME

l'élévation du style égale celle de la pensée ; mais elle n'a pas été adoptée par l'Université et elle a passé presque inaperçue.

Les dernières années du vieux philosophe ont coulé dans la solitude : malgré sa force d'âme il n'y a pas trouvé le repos. Comme un défi, suprême, il a publié ses *Poèmes et Rêveries* en orthographe nouvelle : les critiques n'auraient pas discuté ses idées qu'ils ne comprennent pas, ils pourront blâmer son système d'orthographe. En vain les jeunes revues ont évoqué cette figure méditative ; comprenant mal son symbolisme, elles ont voulu lui faire honneur des nouvelles théories poétiques ; n'avait-il pas dit le premier qu'il faut « enfermer un dogme dans un symbole ». Les socialistes, en quête de grands ancêtres, l'ont revendiqué à leur tour : le conseil municipal lui a confié un cours d'histoire universelle, où il a exposé ses grandes idées religieuses et sociales. Il a d'ailleurs rendu au public les six mille francs que lui donnait la Ville en publiant à ses frais ses cours de l'Hôtel de Ville[5], dédiés à Garibaldi, comme au champion de la démocratie en Europe. Ce fut sa dernière joie. Il disait alors : « Je suis vieux et cassé et cependant une grande et belle dame est devenue amoureuse de moi et m'a demandé mon portrait. C'est la ville de Paris, qui le désire pour un de ses musées. Je suis en même temps courtisé par une autre dame, moins belle, mais plus puissante, ce qui ne suffit pas à me la faire aimer : cependant elle sait que je ne la crains pas. C'est la mort. »

Résigné à l'indifférence du public, retiré dans son atelier de la place de la Sorbonne que décorent des marbres, des bas-reliefs et des fresques antiques, entouré des livres qu'il aimait, il a vécu ses derniers jours dans une véritable frénésie d'ascétisme, sans abandonner un seul de ses rêves de Justice et de Beauté.

C'est là que son neveu René Ménard a peint l'admirable portrait qui est au Luxembourg : saisissante évocation de cette noble et singulière figure ! Enfoncé dans un antique fauteuil de tapisserie passée à fleurs vertes, au milieu des in-folios fatigués dont les dorures pâlies gardent encore les noms d'Homère et d'Hésiode, vieux bouquins qui garnissent les murs ou s'écroulent dans la poussière sur des tables invisibles, le dernier prêtre des dieux ouvre ses yeux clairs, usés par la lecture, mais toujours ardents : les prunelles si pures, d'un bleu pâle comme la fleur de lin, regardent fixement dans l'invisible avec l'expression presque égarée d'un visionnaire. Le beau reflet de la vie intérieure se joue sur ses traits émaciés que l'âge a rendus transparents : les mèches soyeuses de ses longs cheveux gris, bouclés comme des cheveux d'enfant, flottent autour de ce front large, marqué par l'idée, tourmenté de rides et de veines comme une carte énigmatique. Le nez est droit et singulièrement fin, les joues creuses, ravinées de profonds larmiers ; la bouche hautaine, aux lèvres minces, se perd en des touffeurs de poil décoloré et roussi par de perpétuelles fumeries. Perdu dans sa songerie, le savant penche sur l'épaule son visage triangulaire ; il a laissé éteindre sa pipe, l'amie fidèle des heures sombres et des minutes heureuses, qu'il pétrit nerveusement de sa maigre et belle main.

Les passants ne voyaient pas cette grande image et se détournaient avec curiosité pour regarder glisser dans les ombres du soir la figure falote d'un vieil homme courbé, ridé, aux yeux étincelants, coiffé d'un fez rouge, perdu dans un ample manteau dont la forte trame avait blêmi sous les injures du temps, un petit boa d'enfant, un mimi blanc en poil de lapin roulé deux fois autour du cou.

Et maintenant, nous n'entendrons plus cette voix grave et pénétrante, sa parole infatigable ! Louis Ménard est mort le 9 février 1901, dans cette petite rue du Jardinet qui traverse la cour de Rohan, blottie au creux d'un mur d'enceinte du vieux Paris ; c'est là qu'il s'est éteint, au milieu des ouvriers et des gens du peuple pour qui il avait rêvé la justice, au ras de terre, car il ne pouvait plus marcher ; à son chevet le vieux païen a cru voir la sombre figure des Érinyes et il a confessé ses fautes. Mais devons-nous oublier l'indifférence du siècle ? À son heure dernière, accablé par le sentiment de sa solitude, il a douté de son génie. Il est parti, délaissé par ceux à qui il avait tout donné, mais pardonné de celle qu'il avait aimée et méconnue ; c'est à peine si l'on a pu mettre dans sa main fermée une de ses belles médailles grecques, l'image divine d'Athéné, l'obole d'argent que réclame Charon. En attendant l'heure lente de la justice, il repose au pays des morts, que ce soit la prairie Asphodèle, les Champs-Élyséens, l'île Blanche.

---

1. M. Frédéric Passy a gardé très présents ses souvenirs de collège : « Mr Ménard était un très bon élève, d'une figure douce et charmante, qu'il avait encore quelques

années plus tard, après 1848, lorsque, devenu, en paroles du moins, révolutionnaire farouche, il se promenait drapé à la grecque dans son manteau, en mangeant démocratiquement des pommes de terre frites dans la rue. »

2. Dans une lettre écrite à M. Edouard L'hampion, qui l'a publiée dans son intéressant *Tombeau de Louis Ménard*, M. Wallon se rappelle en ces termes son élève de 1837 : « J'ai encore dans ma mémoire sa figure d'enfant, petit, de bonne santé, de bonne humeur, l'œil vif, les joues roses, — fort en contraste avec ce que je l'ai vu plus tard, si maigre, si fatigué !... Je m'intéressai toujours à lui et je fus heureux quand j'appris qu'il avait trouvé à l'Hôtel de Ville une position qui assurait son avenir. » Louis Ménard avait alors 67 ans.

3. « L'influence de l'auteur du Polythéisme hellénique sur celui des Poèmes antiques fut, je puis le dire, prépondérante... Si Leconte de Lisle traduisit et interpréta des textes grecs, c'est qu'il en avait reçu l'amour de la bouche même de Ménard... Celui-ci prenait un livre, vieil in-folio à la reliure fatiguée. Homère, Anacréon, Théocrite ou Porphyre, et traduisait. Non seulement aucune difficulté dans le texte ne pouvait l'arrêter, mais il mettait alors dans sa voix l'expression d'une passion telle que je n'en ai connue chez aucun autre homme de notre génération.

La vue seule des caractères grecs le transportait de joie ; à la lecture, il était visible qu'il s'animait intérieurement ; au commentaire c'était un enthousiasme. Sa face noble s'illuminait. Dans sa joie de causer des Grecs il s'animait à tel point qu'il en oubliait alors les soins matériels de l'existence et du bien-être. Et il m'arriva, un soir d'hiver que nous expliquions l'Antre de Porphyre, de lui faire tout à coup remarquer qu'il faisait plus froid dans sa chambre sans fou qu'en l'antre des Nymphes. » Entretiens de Ed. Champion avec M. de Heredia.

(*Tombeau de Louis Ménard*.)

4. Louis Ménard fut pendant de longues années en relations avec le célèbre philosophe kantien Renouvier, Directeur de la *Critique Philosophique*, qui publia à maintes reprises ses articles philosophiques. M. F. Pillon qui succéda, avec une grande distinction, comme directeur de cette revue, à Renouvier, est resté jusqu'à la fin de sa vie intimement lié avec Ménard. Tous deux admiraient son intelligence du génie grec et du polythéisme « ce sentiment qui était comme effacé de l'âme humaine, et qu'il a, pour ainsi dire, retrouvé et restitué ». Renouvier en avait été pour sa part si frappé qu'il fut, pendant un temps, polythéiste.

5. Le premier texte de cette édition est extrait de ces cours. (Simboliqe religieuse)

L'ŒUVRE

J'ai cherché l'infini dans les formes sacrées.

Mon ciel est plus loin que les cieux visibles.

— L. M.

Louis Ménard estimait, comme Renan, que la Grèce est la vraie terre sainte pour ceux dont la civilisation et la beauté sont le culte ; il n'y a de vie morale et intellectuelle que là où son souffle a passé ; les grandes monarchies de l'Europe doivent la civilisation dont elles sont si fières à cette petite République, imperceptible sur la carte du monde. La conception religieuse de la Grèce est inséparable de son génie : la notion qui lui est particulière c'est l'idée de la loi, c'est-à-dire de l'ordre, de l'harmonie ; les divinités helléniques sont des lois vivantes, dans la société comme dans la nature : l'univers est une symphonie éternelle.

La mythologie est la clef de la civilisation grecque ; longtemps on l'a traitée comme un recueil de fables enfantines, en s'en tenant aux plaisanteries de Lucien ; aujourd'hui le principe de la symbolique est un fait acquis : les religions sont des ensembles de symboles, des idées exprimées par des images. Ménard a soulevé le voile des symboles de l'hellénisme avec une délicatesse infinie ; c'est une physique divine, comme le vit déjà le stoïcien Cornutus, le maître de Lucain et de Perse ; mais il n'est pas aisé de retrouver sous le nom et les multiples attributs de chaque dieu les puissances physiques qu'ils célèbrent ; on hésite : on craint d'entendre des plaintes, comme une voix d'Hamadryade blessée s'exhale du chêne dont on soulève l'écorce.

Le divin, c'est l'idéal : dans le monde physique c'est la beauté, dans le monde moral c'est la justice. Quand les Grecs voulaient traduire leurs croyances par des images ils donnaient aux dieux la forme humaine : selon Phidias, nous n'en connaissons pas de plus belle ; ils leur attribuaient une intelligence humaine : selon Hésiode, l'homme est le seul être qui connaisse la justice. L'homme s'efforce de réaliser en lui l'idéal de beauté et de justice : c'est à l'homme à créer le dieu. À cette religion correspond la morale du droit dans la cité républicaine et le culte de la beauté manifesté dans l'art. Aucun rêve n'a été plus beau que celui de la Grèce et nul peuple n'approcha plus près de son rêve : si elle ne fit qu'entrevoir son idéal de société fondée sur le droit, plus heureuse dans l'art, elle l'a réalisé.

Avec une éloquence et une émotion incomparables Ménard a dégagé la pensée religieuse de la Grèce des formes symboliques qui nous sont peu familières ; il a rapporté de ses études le culte de la beauté, de la vérité et de la justice, ces trois faces d'un prisme de cristal : à travers l'une il voit les deux autres. Ce passionné d'hellénisme, ce voyant des religions, cet inquiet de justice sociale, proclame la vertu des vérités ensevelies sous les ruines des vieux sanctuaires. Toutes les promesses de l'avenir ne valent pas pour lui les souvenirs du passé.

L'ŒUVRE

IDÉES HISTORIQUES

> Les Dieux des premiers jours étaient si près de nous
>
> — L. M.

L'hellénisme n'est qu'une forme particulière du polythéisme. Ménard expose avec un respectueux amour cette magnifique théologie. Toutes les parties de l'univers sont animées d'une vie divine ; là où les hommes de nos jours ne voient que des choses inertes, les anciens reconnaissaient des énergies vivantes et ce sont ces puissances cachées qu'ils ont appelées les dieux. Mais ils ne se sont pas arrêtés à l'adoration du visible : en même temps qu'ils sont les lois nécessaires du monde, les dieux sont des volontés libres et conscientes, analogues à l'homme ; ils représentent toutes les énergies humaines ; le culte qui convient à ces dieux conçus sous les attributs de l'homme, l'intelligence et la liberté, c'est l'expansion de toutes nos facultés. L'esprit grec conçoit les dieux non seulement comme les lois vivantes du monde et les causes des mouvements de l'âme, mais encore comme les causes de la société : un Dieu n'est pas seulement une force physique et une force psychique, c'est aussi une force politique.

De cette conception si simple vient la supériorité incontestable de la civilisation grecque : il n'y a jamais eu d'idée politique qu'en Grèce. Celui-là n'est pas un homme qui n'est pas à la fois un physicien, un psychologue et un politique, qui, sans rompre l'unité de son esprit, le promène avec aisance dans les trois mondes, qui parcourt d'un regard la nature, la société et son âme, y sent et y voit les mêmes principes d'harmonie. Rien n'est plus délicat que les procédés multiples par lesquels les premiers Grecs sont arrivés à se représenter un Dieu comme une force personnelle agissant simultanément dans la nature, dans l'âme et dans la cité ; il n'en est pas un autour duquel ne viennent s'accumuler des attributs des trois sortes : c'est le principe même de la civilisation grecque. Louis Ménard a saisi cette délicatesse dans toutes ses nuances. On peut dire, mais en ôtant toute vie à la religion homérique, que Zeus est dans la nature l'air respirable, dans l'âme le raisonnement, dans la cité le droit ; qu'Apollon est dans la nature la lumière,

L'ŒUVRE

dans l'âme l'imagination, dans la cité la poésie et la prophétie. L'homme prête aux dieux la conscience et la responsabilité qu'il sent en lui-même : ils forment une cité céleste où chacun a ses devoirs à remplir, comme chaque citoyen dans la cité grecque.

L'édifice de cette splendide religion est couronné par l'idée de la lutte de l'homme contre la divinité, qui fait le fond du théâtre tragique. L'homme doit tantôt obéir aux dieux, tantôt leur résister : que sa conscience l'éclaire. Au culte des grands dieux se mêle le culte des héros et des ancêtres : les dieux sont les protecteurs de toute la famille grecque, les héros sont les protecteurs de la cité, les ancêtres sont les protecteurs du foyer. La théorie de l'apothéose des héros est le couronnement de la grande théologie des poètes qui rattache le ciel à la terre : Hésiode dit que les hommes et les dieux sont de la même famille. Si l'homme réalise dans ses œuvres l'idéal qu'il porte en lui, il s'élève au rang des dieux. Le polythéisme comble la distance qui sépare le ciel de la terre en ouvrant aux héros le chemin de l'apothéose. Le culte des héros était la consécration du dogme de l'immortalité de l'âme : « Entre le calme Olympe, séjour des lois éternelles, et le monde agité de l'histoire, planait cette glorieuse religion des demi-dieux qui reliait le ciel à la terre par l'échelle des vertus héroïques et les degrés lumineux de l'apothéose. »

Dieux humains, nés sur la terre des poètes, incarnés par les sculpteurs dans le bronze et le marbre ! La poésie fixait les traditions mythologiques ; la sculpture précisait les types divins. Fait unique dans l'histoire : ce sont les poètes d'abord, puis les artistes qui donnèrent sa forme à l'hellénisme. Une religion se compose de deux éléments : le dogme, qui représente l'ensemble des opinions du peuple sur le monde et sur l'homme ; le culte, manifestation extérieure des croyances populaires. La poésie fut en Grèce la forme spontanée du dogme et y resta associée jusqu'à la chute du polythéisme ; l'art et le culte se développèrent côte à côte à travers les phases de la civilisation grecque.

Les poètes, interprètes des croyances populaires, ont été les véritables théologiens de l'hellénisme : toutes les dissertations sur les dogmes helléniques s'appuient sur le témoignage d'Homère et d'Hésiode ; leur œuvre est semblable à celle des Pères de l'Église chrétienne. La poésie, qui avait fondé la religion, pouvait d'ailleurs toujours la transformer : elle était si bien la forme nécessaire des idées religieuses que les novateurs opposèrent, plus tard un poète à un autre, Orphée à Homère. Cette union intime de la religion et de la poésie dura jusqu'à la fin du polythéisme : les hymnes de Proclus, le dernier prêtre des Muses, retentirent quand le christianisme était depuis longtemps la religion de l'Empire et du monde : « Aux temples renversés il fallait l'adieu d'une voix amie, poétique offrande plus chère aux dieux que les hécatombes. » Les Muses qui avaient salué l'aurore de la religion nouvelle conduisirent son hymne funèbre au seuil de la grande nuit, et ce sont encore les souvenirs de la guerre de Troie qui bercèrent le dernier sommeil de la Grèce.

L'exposition théologique des dogmes était réservée aux poètes et la religion grecque s'est développée sans l'intervention d'un sacerdoce : chaque père de famille honorait les dieux à sa manière. Il n'y avait pas de religion d'État et chaque cité avait ses légendes locales ; le prêtre ne pénétrait pas dans la famille : il entretenait les objets du culte, immolait les victimes selon les rites et montrait aux étrangers les curiosités du temple, en leur contant les légendes locales ; hors du temple il était un citoyen comme un autre, prenait part aux expéditions militaires et rendait des comptes au peuple comme tous les magistrats.

Les oracles et les mystères n'ont jamais eu le caractère de dogmes incompréhensibles acceptés par la foi. La divination, partie importante de la religion hellénique ne fut d'abord qu'une météorologie instinctive : l'oracle de Dodone date de la période agricole de l'histoire grecque, où l'on s'inquiétait de l'avenir d'une récolte. Pour connaître les changements de temps on regardait le ciel (cela s'appelait consulter Zeus) ; on observait le mouvement des feuilles agitées par le vent ; on interrogeait le vol des colombes noires qui habitaient les branches des chênes prophétiques de Dodone : l'instinct des animaux plongés dans la vie universelle est plus sûr que l'intelligence humaine. Plus tard, les tribus agricoles devinrent des sociétés politiques et l'oracle de Delphes répondit à d'autres questions : dans l'anfractuosité d'un rocher du Parnasse on plaça un trépied au-dessus d'un trou profond d'où s'échappait un gaz qui donnait un délire prophétique ; des femmes du peuple, plus aptes par leur ignorance et leur simplicité à subir l'influence divine, servaient de Pythies ; avant de monter sur le trépied elles buvaient de l'eau gazeuse de la fontaine Castalie et mâchaient des feuilles de laurier. L'influence de l'oracle de Delphes correspond à la grande période politique et morale de l'histoire grecque ; sa décadence coïncida avec celle de la Grèce : l'esprit fatidique de Pytno, c'est le souffle inspirateur d'une terre libre. Les oracles se turent quand la Grèce oublia ses dieux.

Sous le nom de mystère les anciens entendaient un secret ineffable, qu'on ne devait pas révéler. Ceux d'Eleusis, les plus illustres, célébraient l'enlèvement de Coré et son retour, la graine qu'on jette en terre et qui renaît dans la plante. Le sens du mystère était plus haut encore : il symbolisait le réveil de l'âme au-delà du tombeau : « Au dernier acte de l'initiation, le plus parfait objet de contemplation était l'épi de blé moissonné en silence, germe sacré de la moisson nouvelle, gage des promesses divines, symbole de renaissance et d'immortalité. » Ainsi l'hellénisme enveloppait toujours dans les mêmes symboles l'homme et la nature.

Le culte et l'art sont aussi étroitement unis en Grèce que la poésie et le dogme. La première forme de la sculpture ce furent les hermès, sortes de piliers quadrangulaires dressés aux carrefours, à l'entrée des vergers, au bord d'un champ. Honorons ces premières idoles des Grecs : c'est de là qu'est sorti cet art divin de la sculpture qui n'a jamais été égalé. Ils restèrent longtemps en honneur ; Alcibiade fut banni pour avoir mutilé les hermès et les Eumolpides secouèrent leurs robes de pourpre au couchant en prononçant leurs terribles imprécations. Les jeux sacrés développèrent cet art idéaliste qui poursuivait l'apothéose de la beauté humaine. Le culte qui convenait à ces dieux humains, c'était l'éducation harmonieuse du corps et de l'esprit, par la gymnastique qui donne la beauté et la force, par la musique qui règle les mouvements de l'âme. Chaque ville formait des athlètes pour les jeux : le spectacle continuel des belles formes et des beaux mouvements développa le sentiment de la plastique ; l'usage de consacrer les statues des vainqueurs à Olympie contribua surtout aux progrès de la sculpture ; elle affranchit l'art des bandelettes sacrées de l'Asie et de l'Égypte ; l'étude de la nature devint la règle. Ce n'était qu'une étude préparatoire : l'art grec sculptait des athlètes pour se rendre digne de créer des dieux. Quand il eut acquis la science des mouvements et des formes, il personnifia l'idéal divin : le Zeus olympien de Phidias ajouta à la piété des peuples, selon Quintilien ; ce qui caractérisait les œuvres de Phidias c'était l'élévation du sentiment religieux. L'épopée avait représenté l'action des forces divines, le jeu des lois éternelles sous des images empruntées à la vie humaine. La sculpture compléta l'œuvre de la poésie en fixant tous ces types divins qui flottaient dans la conscience populaire ; chaque statue grecque est la traduction d'une pensée collective et exprime des idées générales. Les sculpteurs observaient un rythme dans le mouvement et n'oubliaient pas le respect dû à la forme humaine : les modernes en cherchant l'expression sont arrivés à la grimace. « Quand les types divins reparurent, mutilés par l'injure du temps et l'impiété des hommes, mais toujours souriants et calmes, on s'étonna de leur éternelle jeunesse, de leur inaltérable et sereine beauté. »

Ménard a montré comment le polythéisme qui produit dans l'ordre physique le culte de la beauté, se traduit nécessairement dans l'ordre social par une morale républicaine. Plus haut que les tragédies de Sophocle et les marbres du Parthénon, il y a la démocratie : Athènes a prouvé au monde que ce système politique, conforme à la justice, n'était pas un rêve ; jamais la réalité n'a été si près de l'idéal que dans cette glorieuse commune qui avait dressé sur son Acropole la statue de l'invincible raison. La morale et la politique ont toujours été pour les Grecs une même chose : la loi morale limite le droit de chacun, qui est la liberté, par le respect du droit d'autrui, au nom de l'égalité, qui est la justice ; la morale, qui fixe la direction à donner aux actions humaines, est inséparable de la politique, qui cherche la loi des relations sociales. Les Grecs ne croyaient pas qu'on pût être un honnête homme dans la vie privée et manquer de dignité dans la vie publique. Tous les éléments de leur morale politique sont déjà dans Homère : il est le véritable instituteur de la Grèce et cela est si vrai que l'on donnait souvent à ses vers la même valeur qu'aux oracles de Delphes. Les nobles cités de l'Hellade pullulent sous le ciel héroïque : elles luttent par le travail et les armes pour le triomphe de la justice ; elles se résument en deux types parfaits, Sparte et Athènes. Sans la rivalité entre Athéné la travailleuse et Héraclès le dompteur, Athènes

L'ŒUVRE

n'aurait été qu'une de ces fleurs brillantes de la colonisation hellénique, Agrigente ou Métaponte, qui mouraient sans vieillir, s'évanouissant dans tout l'éclat de leur beauté, après quelques années d'une vie exubérante remplie par des alternatives continuelles de tyrannie et de démagogie fiévreuses.

Les Athéniens, remplis de leur idéal démocratique, ont compris et pratiqué les deux fondements de la morale sociale de l'hellénisme : la liberté et l'égalité ; ces principes arrivèrent sous la démagogie de Périclès à des limites que n'atteindront jamais les espérances des plus hardis novateurs. Le peuple Athénien a réalisé en lui-même la morale politique d'Homère, comme Phidias a réalisé en marbre ses dieux. Ces agitations populaires qui chez les modernes produisent un effet sinistre, sont une des gloires de la vie d'Athènes : l'art, qui chez nous est une plante de serre, s'épanouissait au milieu des guerres civiles et des guerres extérieures ; pendant la guerre du Péloponnèse, Athènes éleva le Parthénon ; cette ville de marchands dépensa plus d'argent pour la représentation des *Bacchantes* d'Euripide que pour les guerres médiques. Les tragédies avaient pour spectateur le peuple entier, un peuple chez lequel les marchandes de salade trouvaient des fautes de grec dans les harangues de Démosthène. Ce qui a fait la grandeur de la Grèce, c'est la vie communale dans tout son épanouissement, l'état fondé sur l'initiative individuelle, sur la loi vivant dans la conscience de chacun, se confondant avec le sentiment religieux, et non écrite sur des tablettes mortes à l'usage des hommes spéciaux.

Ainsi se réalisèrent dans l'histoire les principes de la religion homérique, fondée sur l'harmonie qui existe entre les lois de la nature, de l'âme et de la société ; religion profondément morale, sans rigidité, sans pédantisme, sans tyrannie, et douée d'une grâce parfaite. Quand la Grèce eut réalisé son idéal religieux dans ses temples et ses statues, son idéal politique dans ses constitutions républicaines et ses luttes héroïques, elle avait atteint le terme de sa course et pouvait revenir comme les athlètes dans le stade aux applaudissements du monde et la couronne au front.

La rivalité des cités grecques et l'abandon de la religion, nationale, sous l'influence de la philosophie et des superstitions orientales, allaient entraîner la ruine de la liberté et la disparition des lettres et des arts, qui avaient grandi à l'ombre des temples. La décadence de la civilisation antique a suivi la chute du polythéisme et l'avènement d'une religion fondée sur le dogme de l'unité divine ; quand on établit une monarchie sur la terre on ne peut pas laisser la République dans le ciel.

L'épanouissement de la vie communale, qui fut la grandeur incomparable de la Grèce, causa sa mort : elle avait réalisé la morale sociale dans la cité républicaine, mais elle ne sut pas élargir l'idée de patrie qu'elle avait révélée au monde : aucun lien ne faisait de ces cités indépendantes une même nation ; leur rivalité épuisa les forces de la Grèce : il est dans la destinée des races héroïques de s'exterminer elles-mêmes, comme les fils de la terre nés des dents du dragon. Les guerres incessantes eurent pour résultat l'extension de la servitude : une population de métèques et d'esclaves combla les vides produits par la grande peste et la désastreuse expédition de Sicile ; avec eux on vit s'infiltrer en Grèce les mœurs monarchiques et sensuelles de l'Orient. Démosthène revient sans cesse sur la plaie incurable, du dilettantisme athénien : on l'écoutait parce qu'il parlait bien, puis on écoutait ses adversaires, et l'on s'était amusé plus qu'à l'Odéon : il parlait en vain ; la Grèce ne demandait plus qu'à s'endormir du lourd sommeil des races fatiguées. « La liberté grecque mourut à Chéronée ; cette bataille fut livrée en 338 : c'est une des dates les plus funestes de l'histoire du monde ; la victoire de la Macédoine sur la Grèce c'est la victoire de la monarchie sur la République. » Le polythéisme resta encore debout quelques siècles après la chute des républiques, mais il n'avait plus la vie, les peuples avaient cessé d'y croire.

La chute de l'hellénisme, qui a entraîné celle de la civilisation, n'est que le dernier terme d'une infiltration successive des idées orientales en Grèce ; la large tolérance du polythéisme qui accueillait tous les dieux des autres peuples avait un grand danger : elle multiplia les types divins et créa une grande confusion par la production indéfinie des symboles. Une cause intérieure bien plus profonde acheva d'ébranler la religion ; ce furent les attaques des philosophes qui, en ruinant les anciennes croyances laissèrent le champ libre à toutes les superstitions de l'Asie ; Xénophane, Pythagore, Socrate rejetèrent les traditions antiques et reprochèrent aux poètes d'enseigner des fables indignes de la majesté des dieux. Les philosophes cherchaient à épurer la religion, non à la détruire ; mais, en attaquant les poètes fondateurs de la religion, ils finirent par la renverser elle-même : un scepticisme général sortit des écoles des sophistes et des rhéteurs. Le peuple, qui sentait l'alliance intime de la morale politique et de la religion nationale, fit boire la ciguë au plus célèbre d'entre eux, Socrate, victime expiatoire de la tyrannie des Trente, dont la plupart étaient ses disciples et ses amis. Ménard ne partage pas l'indignation de Platon contre la mort de Socrate, ni celle d'Aristote qui, accusé par les Athéniens soixante ans plus tard, s'exila « pour épargner à ces gens une nouvelle scélératesse » ; pour Socrate aussi l'ostracisme aurait suffi. Plutôt que de se contenter comme les philosophes de l'idée abstraite du divin, le peuple aimait mieux emprunter ses dieux ; l'Orient ; au milieu de l'anarchie des croyances populaires, l'ami du roi Cassandre, Evhémère, présenta les dieux comme des héros divinisés et son système précipita l'hellénisme dans la voie qui devait aboutir au culte de l'Homme-Dieu. « Un peuple qui a renié ses dieux est un peuple mort. Quand la Grèce lutta contre Rome, elle avait Philopœmen qui valait mieux que Miltiade et Thémistocle ; elle avait la ligue Achéenne, c'est-à-dire le lien fédéral qui avait manqué contre les Perses : mais ses Dieux ne combattirent plus pour elle et elle succomba. » Avant de mourir, la Grèce lança le dernier défi, du droit à la tyrannie de la force. Le stoïcisme est son testament moral. Quand la liberté est proscrite sur la terre, l'homme la retrouve dans le sanctuaire de sa conscience. Le stoïcisme, la plus haute expression de la morale et le dernier refuge de la dignité humaine, pouvait former de grands hommes comme l'empereur Marc Aurèle et l'esclave Epictète, mais non un grand peuple. Ces âmes pures ne pouvaient arrêter la décadence du monde : il leur suffisait de conserver le culte de la justice dans le sanctuaire de leur conscience immaculée ; ils ne cherchaient plus la liberté que dans le monde intérieur. Même après la chute des vertus et des croyances la Grèce eut ses fruits d'automne : la conquête d'Alexandre répandit la civilisation grecque en Asie et en Égypte ; cette époque produisit les grandes écoles d'Épicure et de Zénon, la peinture d'Apelles et les admirables monuments des écoles de sculpture en Asie Mineure : la Vénus de Milo, le Gladiateur mourant, le

Laocoon ; mais le fruit le plus précieux de l'hellénisme, l'autonomie communale, ne pouvait s'implanter dans des contrées monarchiques. Il reste peu de traces de la magnifique civilisation d'Alexandrie ; quand le grand temple de Sarapis, le dieu des morts, tomba sous le marteau de Théodose et avec lui cette bibliothèque d'Alexandrie où s'étaient amoncelés tous les trésors de la pensée humaine, les derniers fidèles de la religion proscrite virent bien que tout était fini. Les dieux vaincus remontèrent dans le ciel inaccessible, loin des blasphèmes du monde. L'hellénisme parut cependant dominer le monde avec les Romains, et les dieux grecs eurent des temples jusqu'aux extrémités de la terre : mais ils n'étaient plus que des expressions littéraires et leurs statues des objets d'ornements ; la philosophie les avait tués. « Le monde asservi n'était plus digne de contempler les dieux des cités libres. L'humanité avait mis son idéal social dans la servitude ; il était juste que le gibet des esclaves devint le symbole de la religion du genre humain. » La base de la religion juive est l'unité divine qui convient à une monarchie. Son caractère fondamental est la proscription de l'art : la défense de sculpter des images est le précepte qui revient le plus souvent dans la Bible.

Le Dieu unique proscrivit les formes multiples de l'idéal et anéantit toutes les œuvres du passé ; mais la philosophie est complice de cette destruction : elle aussi avait dit qu'il est insensé d'enfermer le divin dans la pierre et le bronze. La domination intellectuelle de la race sémitique entraînait la destruction des œuvres de la pensée hellénique et une suite de persécutions et de querelles religieuses. Le dernier poète païen, Rutilius Xumatianus, s'écriait au milieu des ruines de la civilisation et de l'Empire : « Plût aux Dieux que la Judée n'eût jamais été conquise ! » Les chrétiens condamnaient la matière, considérant la beauté du corps comme un piège du Diable. Saint Augustin ne pouvait se résigner à croire le Christ moins beau que les anciens Dieux ; mais saint Just et saint Cyrille proclamaient qu'il était laid, le plus laid des enfants des hommes, par humilité. Tertullien dit aussi que ses traits étaient grossiers, mais que leur expression morale faisait reconnaître un Dieu.

Après le pillage méthodique des Romains, qui enlevèrent plus de cent mille statues et tableaux à la Grèce, après celui de Néron, après

L'ŒUVRE

Constantin, les émissaires de Théodose détruisirent les temples dans toute l'étendue de l'Empire. Que sont devenus tous ces monuments admirables que Pausanias a énumérés et décrits pour l'éternel regret de l'avenir ? nul ne sait comment disparurent le Zeus d'Olympie et l'Athéné du Parthénon. Il n'y a pas à accuser les Barbares : ils ont à peine pénétré en Grèce ; ce sont les Grecs eux-mêmes qui, après avoir abandonné leur religion nationale, ont poursuivi avec une aveugle fureur les monuments de la piété de leurs ancêtres. La destruction continua pendant tout le Moyen Âge ; mais tous ces désastres furent dépassés lors de la prise de Constantinople par les Croisés : on pilla même les églises. Les Arabes d'Omar achevèrent de disperser ces ruines, au nom d'une religion qui s'appuie aussi sur les traditions juives. On reproche aux Turcs d'avoir fait des Propylées un magasin à poudre, mais a-t-on oublié le bombardement du Parthénon par Morosini et le pillage de ses ruines par lord Elgin. « Lorsqu'on enleva la dernière métope, les ouvriers laissèrent tomber une grande partie des bas-reliefs ; le disdar, voyant le dommage causé à l'édifice, ôta sa pipe de sa bouche, versa des larmes et, s'adressant à Lusieri, le nouveau chien de Kibyra employé à ce brigandage, lui dit d'une voix suppliante : « Τέλος ! » Oui, espérons que c'est en effet la fin, pauvre vieux Grec ; la fin des pillages, des dévastations et des ruines. Maintenant que de tant de types divins que la Grèce avait offerts à l'adoration des peuples, il ne reste plus que des débris mutilés, épars dans tous les musées de l'Europe, laissons-les en paix dans ce dernier refuge, où l'admiration qu'ils inspirent ne porte plus ombrage aux croyances jalouses ; respectons-les comme des souvenirs de la jeunesse du monde et d'un passé qu'aucun regret ne nous rendra. »

L'ŒUVRE

MÉDITATIONS RELIGIEUSES.

Par le chemin perdu des paradis qu'on pleure.

— L. M.

Louis Ménard, ce savant connaisseur de la civilisation hellénique, a médité toute sa vie les problèmes religieux : il les aborde avec une grande liberté d'esprit, et en même temps avec un profond sentiment religieux. Pour lui, la religion est ce qu'il y a de plus précieux dans l'héritage de l'humanité, puisqu'elle représente les formes diverses de l'idéal dans tous les pays et dans tous les temps. La saisissante démonstration qu'il donne des origines grecques du christianisme, ses traductions éloquentes de la mythologie chrétienne dans le langage de la science, ses efforts pour concilier les affirmations de la foi et les négations de la libre pensée, enfin ses aperçus prophétiques sur la transformation des croyances et la religion de l'avenir, méritaient mieux que l'indifférence du siècle et valent au moins d'arrêter la pensée.

Les religions anciennes se sont occupées surtout de l'origine des choses et de l'ensemble de l'univers ; les religions modernes s'occupent plutôt de la nature de l'homme et de sa destinée. Les premières sont donc des systèmes de physique, les secondes des systèmes de morale. À la religion de la nature succède la religion de l'humanité, que l'on nomme le bouddhisme en Orient, le christianisme en Occident. Le culte des héros, des demi-dieux sauveurs, fut la première forme de cette apothéose de l'humanité ; la religion grecque affirmait l'immortalité de l'âme ; les héros grecs conservaient au-delà du tombeau une vie indépendante : le peuple dans ses prières les confond presque avec les dieux, et leurs tombes sont sacrées. La poésie avait donné aux dieux les attributs de l'homme, la liberté et la conscience, à l'homme l'attribut des dieux, l'immortalité ; toute distinction s'effaçait dans le monde idéal. Lorsque la poésie et l'art eurent trouvé les éléments de l'idéal divin dans la nature humaine, il ne restait plus qu'un pas à faire dans la voie de l'anthropomorphisme : après avoir élevé l'homme jusqu'aux dieux par l'apothéose, il n'y avait plus qu'à

L'ŒUVRE

soumettre les dieux à la mort : la religion des mystères représente cette dernière phase du polythéisme ; c'est alors que le dernier-né des races divines vint satisfaire l'attente universelle d'un nouveau dieu sauveur. La Grèce, lasse du scepticisme produit par la lutte de ses écoles, s'était jetée dans les élans mystiques, précurseurs d'un renouveau des croyances.

L'esprit philosophique de la Grèce et l'esprit religieux de l'Orient se rencontrèrent à Alexandrie et c'est là qu'est née, après une lente incubation, la religion du monde moderne. Les Juifs hellénistes, séduits par les théories unitaires de Platon, firent de son Logos le point de départ d'une sorte de mythologie abstraite : l'idée du Verbe prit pour eux la même importance que celle du Messie chez les Juifs de Palestine. La théologie chrétienne sortit de l'un, de ces groupes, la légende chrétienne de l'autre. « Aux jours de sa jeunesse et de sa force la Grèce nous a donné l'Iliade et le Parthénon et une chose plus belle encore, la cité républicaine. Vaincue par l'âge, épuisée par les efforts surhumains de son génie, quand son idéal fut transformé par la philosophie, elle légua aux races nouvelles l'enfant de sa vieillesse, le Verbe, le dernier-né de ses dieux. »

Le christianisme a emprunté aux Juifs leur dieu unique, leurs traditions et leur livre sacré ; il a adopté aussi leur Messie, mais il en a fait un dieu et il a soumis ce dieu à la douleur et à la mort, ce qui eût paru aux Juifs un blasphème impie. Les Grecs ne pouvaient s'en étonner puisque leurs initiations représentent la mort et la résurrection d'un Dieu : mais les détails profondément humains de l'agonie du Christ laissent bien loin les symboles physiques du raisin foulé dans le pressoir.

En échange de son Dieu unique, la race de Sem a reçu le dogme de l'immortalité de l'âme et elle ne doit pas se plaindre d'avoir perdu à ce marché. Le germe divin sorti de l'Orient se développa au souffle de la Grèce. Mais la philosophie ne peut devenir une religion qu'en revêtant la forme concrète du symbole : comme les âmes qui veulent entrer dans la vie, il faut que les idées prennent un corps. La pensée des philosophes avait pénétré à leur insu dans la profondeur des couches sociales, dans les derniers rangs d'un peuple méprisé, parmi les vaincus et les esclaves : le Verbe de Platon s'était incarné dans le sein d'une Vierge juive et l'avait fécondée sans la flétrir : l'âme virginale avait enfanté le Dieu du sacrifice et de la rédemption ; ce n'était pas un héros des époques fabuleuses, c'était le médiateur attendu entre le ciel et la terre, le Dieu fait homme ; il réunissait en lui le dogme oriental de l'incarnation et le dogme grec de l'apothéose : un Dieu descendu du ciel pour sauver les hommes, un homme qui s'élevait au ciel par sa vertu. « Le peuple salua comme son rédempteur le charpentier mort du supplice des esclaves ; la philosophie qui attendait toujours le vengeur de Socrate reconnut la Parole incréée dans ce philosophe, ennemi des prêtres et crucifié par eux. L'anthropomorphisme atteignit sa dernière limite : l'humanité s'adora elle-même, non plus dans sa force et dans sa beauté, mais dans ses humiliations, dans ses misères et dans sa mort. » Le peuple aime à sentir ses dieux près de lui : le plus incrédule avait mis le doigt dans ses plaies.

Le christianisme réunit tous les éléments religieux dispersés dans le monde : il a reçu de la Judée ses traditions et sa légende, de la Perse le dogme du Diable, de l'Égypte celui de la résurrection et du jugement dernier ; sa métaphysique s'est élaborée à Alexandrie ; sa discipline sacerdotale à Rome. Mais sa source principale est l'hellénisme : il s'y rattache par ce grand symbole, pierre angulaire de l'édifice chrétien : le salut de l'humanité par la mort d'un Dieu. L'apothéose des vertus humaines, qui avait produit en Grèce le culte des héros, arrive à sa suprême expression dans le culte de l'Homme-Dieu.

Les livres d'Hermès Trismégiste sont un trait d'union entre les dogmes du passé et ceux de l'avenir : en eux les croyances qui naissent et les croyances qui meurent se rencontrent et se donnent la main : certes ils ne soutiennent la comparaison ni avec la religion d'Homère ni avec la religion chrétienne, mais ils font comprendre comment le monde a pu passer de l'une à l'autre. Pourquoi l'homme n'aurait-il pas réservé ses prières pour ce Dieu suprême que tous reconnaissaient également ? quelques fidélités obstinées s'attachaient encore à ce magnifique passé dont le souvenir même allait disparaître ; « mais l'humanité n'a pas de ces mélancolies. Elle marche devant elle, sans savoir si c'est vers la nuit ou vers la lumière, écrasant sans pitié les défenseurs attardés des causes vaincues. »

On ne conteste plus le principe symbolique des religions de l'Antiquité, mais on croit à tort que la mythologie tient moins de place dans les religions modernes. La mythologie chrétienne, en se greffant sur des symboles naturalistes, en a fait des conceptions morales et psychologiques. Le Christ est le roi du monde intérieur.

Avec une profonde originalité, Louis Ménard traduit dans la langue de tous les jours les symboles que recouvrent les fables de la mythologie chrétienne. Il ne cherche pas comme Renan à la ramener aux conditions de l'histoire ; il ne discute pas les biographies de Jésus pour en faire un charmant docteur d'une exquise distinction et d'une douce ironie. Quand même on prouverait que Jésus n'a pas existé, l'idéal divin que l'Occident adore depuis dix-neuf cents ans sous le nom de Christ n'en serait pas moins un Dieu. Ce que l'on adore dans l'Homme-Dieu, c'est la plus haute manifestation de la vertu de l'homme, le sacrifice de soi-même. Il est né d'une vierge, car la pureté immaculée de l'âme peut seule enfanter la vertu d'abnégation. « Autour du rédempteur, type idéal du sacrifice de soi-même, se déroule dans le ciel bleu de la conscience la chaîne lumineuse des vertus vivantes, la pureté des vierges et l'héroïsme des martyrs. »

Le Christ a dit. « Mon royaume n'est pas de ce monde. » C'est dans le monde intérieur, dans la conscience humaine, qu'on doit chercher l'explication des symboles chrétiens. La clef de voûte de tout le système est le dogme de la chute et de la rédemption. On peut appliquer à la fable juive du paradis, du serpent et de la pomme, comme aux autres fables religieuses le mot du philosophe Salluste : « Cela n'est jamais arrivé, mais cela est éternellement vrai. » Le drame de l'Eden se déroule tous les jours sous nos yeux : l'enfant est dans le paradis terrestre, dans les limbes de la vie morale ; il ne distingue pas le bien du mal ; cette science, il l'acquiert par sa première faute, qui est une désobéissance. « Pourquoi as-tu mangé de ce fruit, malgré ma défense ? » Dès cette première chute l'enfant a perdu son innocence ; il est exilé du paradis, condamné au dur labeur de l'homme, à la nécessité de choisir entre la passion et le devoir. Une route mène au ciel, qui est la perfection morale ; et l'autre à l'enfer : à force de choisir le mal on perd jusqu'à la notion du bien. Pourquoi repousser ces expressions mythologiques, si claires ? L'habitude d'accomplir le devoir nous met au-dessus de la tentation.

L'ŒUVRE

Entre les deux pôles de la vie morale, le ciel et l'enfer, il y a place pour le repentir : le coupable a droit au châtiment, car sa raison l'éclaire et la peine purifie ; aussi les Grecs ont-ils nommé les déesses du châtiment les Bienveillantes. L'Église catholique accepte l'idée du Purgatoire, sans abandonner l'éternité de l'Enfer. La conscience publique proteste contre le dogme implacable des peines éternelles, qui semble un outrage à la pitié. Dans une page admirable, où la plus haute philosophie s'exprime dans le plus noble langage, Ménard dépouille cette théorie de l'irréparable de sa forme mythologique : « Un homme a commis un crime, cette nuit, sous le regard des étoiles. Elles sont si loin qu'elles ne l'ont pas vu encore ; mais dans un siècle, dans deux siècles, dans trois siècles, leurs rayons, échelonnés dans l'infini du ciel, éclaireront le meurtre. Ce qui est passé sera toujours présent quelque part ; s'il y a là haut, n'importe où, dans une planète inconnue, un œil ouvert (et pourquoi pas ?), il y aura là une voix, qui sera la voix de la conscience éternelle, et qui dira : oh ! l'assassin ! À toute heure, à jamais, l'écho de cette voix sera répercuté dans l'espace. Il y a des astres dont la lumière met trois mille ans à nous parvenir : pour eux, l'heure du crime sera dans trois mille ans l'heure présente. Le meurtrier s'est corrigé, il est devenu un saint ; mais quand ces juges lointains donneront leurs suffrages, il ne sera pour eux qu'un meurtrier. Le sang répandu ne rentre pas dans les veines, et aucun Dieu ne peut faire que ce qui est arrivé ne soit pas arrivé. Toute action coupable, injustice, violence, lâcheté ou trahison, une femme séduite, un enfant abandonné, un mauvais conseil, un mauvais exemple, entraîne dans la voie du mal des âmes qui sans cela auraient pu tourner au bien. Elles en corrompront d'autres à leur tour, et indéfiniment se prolongera la chaîne maudite : malheur donc au premier anneau. Si le criminel se repent, sa conversion s'étendra-t-elle à tous ceux qu'il a perdus ? Que leur répondra-t-il, quand ils l'accuseront devant l'immuable Justice ? Contre les arrêts de la loi morale, il n'y a pas de prescription : *AEterna auctoritas esto.* »

La chute rend possible la rédemption ; l'homme peut être affranchi de la servitude des passions, le règne de la justice peut s'établir sur la terre, par le sacrifice de soi-même au bien des autres, par ce Christ intérieur qui donne son sang pour le salut du monde, expression suprême du divin dans l'humanité ; et voici le commentaire d'un républicain sur l'oraison dominicale : « Que ton règne arrive, ô sainte justice ! Nous en appelons à toi de toutes les tyrannies qui nous écrasent et dût la mort nous venir de ceux mêmes que nous voulons affranchir nous te confesserions jusque sous les bombes lancées contre nous par nos frères ; pardonne-leur, ils ne savent pas ce qu'ils font. » Ménard a rédigé le *Catéchisme religieux des libres penseurs*, où il cherche à concilier toutes les croyances et les traduit en langage intelligible.

Le principal reproche qu'il fait au christianisme c'est de n'être pas favorable à l'art : l'hellénisme qui trouvait dans la beauté l'expression visible du divin a donné à toutes les formes de l'art un magnifique élan ; mais la morale ascétique des chrétiens a longtemps entravé l'étude de la forme humaine. L'art et la morale ont tous deux leur raison d'être et il n'était pas nécessaire de proscrire le beau pour exalter le juste ; la volupté qu'a maudit le Moyen Âge, la Diablesse Vénus comme il l'appelle, est la loi divine de l'attraction universelle, la source de la vie, la beauté qui souriait sur l'écume des flots. Il n'a pas suffi à l'humanité de lutter contre la nature ; elle a voulu la maudire et l'hellénisme a refusé de s'associer à cette malédiction : cette religion de la beauté ne pouvait croire mauvaise la merveilleuse nature ; interrogée sur le problème du mal, elle ne répondit pas et les hommes rejetèrent cette religion d'artistes et d'athlètes qui refusait de séparer le beau du juste et qui niait la douleur.

Le christianisme n'a pas toujours proscrit l'art et l'œuvre des artistes y a été bien plus grande qu'on ne le croit en général. Les légendes des saints sont une véritable littérature populaire où le clergé n'eut qu'une faible part. Le culte de la Vierge n'est pas sorti des quelques versets de l'évangile : l'art de la Renaissance a donné une forme définitive à l'idéal féminin qui flottait confusément dans la pensée du Moyen Âge. L'apôtre de la mère de Dieu, c'est Raphaël. Le Féminin exclu de la Trinité se réfugia dans le culte et la légende ; rien de plus transparent que le gracieux symbole de la Vierge mère, type de prédilection de l'art chrétien. La Grèce avait conçu et réalisé tous les types de la beauté humaine et en avait peuplé son Olympe ; mais elle n'avait pas songé à confondre les deux formes idéales du féminin : la vierge et la mère.

Ce fut la plus sublime création de l'art chrétien La Madone de Raphaël n'est pas la vierge byzantine qui règne dans un nimbe d'or, ni l'humble et douce ménagère des maîtres de la Flandre et de l'Allemagne, ni la vierge sans enfants des Assomptions espagnoles ; elle est plus que tout cela, l'apothéose de la famille, la mère qui sourit à son enfant. Le culte de la Vierge est la plus populaire des religions vivantes et de nos jours sa dignité a reçu une consécration éclatante dans le dogme de l'Immaculée Conception, tant reproché à Pie IX : L'apothéose de l'humanité serait incomplète si le féminin n'en avait pas sa part.

On a dit que le christianisme avait affranchi la femme : mais depuis longtemps l'hellénisme l'avait émancipée, par le mariage et l'égalité ; il l'avait élevée à la dignité de mère de famille ; les déesses siégeaient dans l'Olympe, les femmes rendaient les oracles divins de Dodone et de Delphes. Au contraire le christianisme a exclu le féminin de la Trinité ; la femme est l'instrument du démon ; ses mains ne sont pas assez pures pour offrir le sacrifice ; elle s'agenouille devant le prêtre, confesse ses fautes et implore son pardon. « Et cependant sur les débris de la dernière église la femme viendra prier. C'est que le christianisme a fait mieux que de l'affranchir, il l'a conquise. Ce n'est pas la liberté qu'elle demande, c'est l'amour. » Elle se soucie peu de la patrie et des religions républicaines ; sa religion n'est pas la justice ; sa morale n'est pas le devoir, c'est la charité ; elle veut un Dieu enfant à bercer dans ses bras, un Dieu mort à inonder de ses larmes. Si le christianisme a conquis la femme c'est parce qu'il l'a appelée à l'honneur du martyre ; nous n'avons eu de femmes républicaines qu'à l'époque où nous les faisions monter sur l'échafaud.

Toutes les religions du passé sont respectables et les formes successives de l'idée divine sont vraies pour qui sait interpréter leurs symboles. Dans l'état actuel des croyances, on peut concilier la foi, le doute et la négation. Cette réconciliation des dernières religions vivantes sera l'œuvre de l'avenir. Ménard a mis en scène, d'une manière bien touchante, et grande par sa simplicité même, ses idées si délicates sur la religion future, dans une courte pièce intitulée : *Sacra privata*. Une pauvre femme est couchée sur son lit de mort. Que dire à l'enfant qui s'étonne de voir pleurer son père ? Celui-ci ne croit qu'aux lois inflexibles de la nature et ne veut pas tromper son fils en lui enseignant ce qu'il ne croit pas lui-même ; pourtant il ne veut pas, en présence de la mort, discuter la douce chimère de l'immortalité. Il se laisse convaincre par la grand-mère ; il accepte d'enseigner à son fils l'immortalité par le souvenir. Pour lui, il traduira cette croyance dans une autre langue : ce qu'il pleure, ce n'est pas un corps rendu à la terre, c'est une affection qui l'enveloppait, une conscience qui le dirigeait. Ses exemples et ses conseils sont toujours vivants dans notre mémoire : c'est ainsi que les morts tendent la main aux vivants.

Le culte des morts est la religion de la famille, religion qui se passe des prêtres. Ceux qui nous ont aimés et qui sont morts, notre père et notre mère, vivent toujours en nous : dans les heures sombres c'est leur souvenir que nous évoquons ; leur influence bénie et toujours indulgente nous soutient et nous guide dans les luttes de la vie. Il y a une vie collective dans les familles, et l'enfant qui naît ressemble souvent à l'un de ses ancêtres ; les corps sont une création des âmes. Quand la vie s'est envolée, nous existons encore : le souvenir de toutes nos actions bonnes et mauvaises, ce que nous avons été dans la vie, nous le serons à jamais dans la mémoire des vivants. L'existence des morts c'est le souvenir de ceux qui les aimaient. Quand nous les oublions, ils nous oublient à leur tour et boivent l'eau du Léthé ; il est sur l'autre rive une route ouverte vers les destinées inconnues. Mais tant que nous pensons à eux, rien ne peut briser la chaîne de nos prières et de leurs bienfaits. Les Grecs avaient entrevu cette immortalité par le souvenir : les aïeux sont les protecteurs de la famille, les hôtes invisibles de toutes les fêtes, les témoins muets des actes des vivants.

Ce culte des morts n'est déjà plus un rêve de lettré : c'est la religion du peuple de Paris. Autrefois les chrétiens passaient pour impies, car ils refusaient de sacrifier aux dieux de l'empire ; aujourd'hui le peuple semble irréligieux parce qu'il n'aime pas les prêtres, qu'il a toujours vus du côté de ses ennemis politiques. Et cependant c'est à Paris que s'est établi l'usage de se découvrir devant un cercueil ; tous les ans la foule envahit les cimetières et cherche ses tombes pour y déposer l'offrande des chrysanthèmes, les dernières fleurs de l'automne. C'est la religion de la famille ; celle des orphelins : viens porter des fleurs à ton père qui t'aimait et montre lui que tu ne l'as pas oublié ; il est près de toi quand tu penses à lui. Les pauvres qui ont vu jeter leurs morts dans la fosse commune, iront déposer leur offrande au pied de la stèle dressée pour eux au milieu du cimetière, au monument du souvenir, « Les philosophes et les lettrés se perdent en conjectures pour deviner comment les religions commencent et quand ils pourraient assister à cette genèse, ils ne veulent pas ouvrir les yeux. » Le christianisme naissant inspirait aux Romains un mélange d'horreur et de dédain : c'est le sentiment qu'éprouvent aujourd'hui les classes dirigeantes quand elles voient porter des couronnes d'immortelles rouges, au mur des Fédérés. Louis Ménard avait prédit ces funèbres anniversaires il y a vingt ans. Voici ce qu'il écrivait : « Il y aura un jour des pèlerinages vers la fosse commune où sont entassées les victimes et vers la plaine sinistre où s'élevait le poteau sanglant. Quoi qu'on ait gratté sur les murs la trace des balles, il y a partout, dans les carrefours et sur les places, des autels invisibles, là où leur rang a rougi la terre qu'ils défendaient : Là, là, dit Eschyle, là, ici encore ! vous ne les voyez, pas, mais moi je les vois » La religion de la cité repose sur le souvenir de ceux qui sont morts pour elle. Si l'on regardait dans la profondeur des couches sociales, on y lirait les deux mots gravés sur la grosse cloche de Notre-Dame : *Defunctos ploro*. Nos pères et nos amis, dieux mânes, âmes des héros et des saints, ô morts, qu'êtes-vous devenus ? L'immortalité est-elle autre part que dans le souvenir de ceux qui vous aiment ? Les plus sceptiques d'entre nous se découvrent sur le passage des morts : ce n'est peut-être plus la loi, mais c'est toujours l'espérance.

La religion représente un ensemble de croyances ou d'opinions sur la nature des choses et la destinée humaine ; la libre pensée n'implique pas une négation systématique de toute religion et rien n'empêche les libres-penseurs de s'attacher à celle qui leur convient. Leur catéchisme est le résumé des traditions religieuses du genre humain. Chacun doit être libre de choisir entre les formes diverses de l'idéal. Louis Ménard n'en connaissait pas de plus belle que la religion grecque, qui, même aux jours de sa vieillesse, a revêtu de formes inimitables des conceptions d'une haute moralité et d'une mystérieuse profondeur. Il croit que le paganisme peut renaître : le principe de la pluralité des causes n'aurait plus le caractère plastique et poétique que lui a donné la Grèce ; mais il trouverait aisément une expression scientifique en harmonie avec les besoins intellectuels des peuples modernes. Le polythéisme existe toujours : c'est le culte des morts. Et d'ailleurs : « Qu'importe aux principes éternels que l'humanité les connaisse ou les ignore ? Ils vivent dans leur sphère immobile et s'inquiètent peu des croyances changeantes. Nos opinions n'ont d'influence que sur nos propres destinées, et notre action ne peut accélérer ni entraver la marche générale des choses. Laissons donc l'avenir sur les genoux des dieux, et puisque le présent seul nous appartient, contentons-nous de rendre une justice impartiale à toutes les formes de la pensée humaine. C'est bien assez peu d'être un homme, sans se condamner à n'être que de son temps et de son pays. Les époques stériles, qui ne peuvent plus donner à l'idéal une forme nouvelle, peuvent du moins comparer celles sous lesquelles il s'est révélé au passé. Quand l'avenir n'a plus de promesses, l'esprit se nourrit de souvenirs, et, pour les races fatiguées, la société des morts vaut mieux que celle des vivants. »

RÊVES SOCIAUX.

Pour incarner son rêve, il faudrait être un dieu.

— L. M.

« J'ai cessé de m'intéresser aux affaires de ce monde depuis Chéronée », disait un jour le poète Victor de Laprade, esprit généreux mais chagrin, qui refusait à la démocratie de notre temps la sympathie qu'il avouait pour celle de l'Antiquité grecque. Louis Ménard était bien loin d'un pareil dédain et portait au progrès social contemporain un intérêt passionné. « Je resterai dans l'opposition tant que nous ne serons pas revenus à la démagogie de Périclès », disait-il ; c'était aussi le rêve des hommes de 48 et ce qu'ils entendaient par la forme républicaine. Nous nous croyons beaucoup plus démocrates que les Athéniens, mais cela les ferait rire de pitié ; ils ne se seraient pas crus libres pour avoir mis tous les quatre ans dans une boîte le nom d'un des députés chargés d'approuver les impôts ; ils auraient exigé que chacun des dépositaires du pouvoir exécutif fût soumis à l'élection, toujours révocable et pécuniairement responsable.

La glorieuse démocratie d'Athènes, en appliquant les principes de la morale grecque, la liberté et l'égalité, a réalisé un idéal social que les plus hardis utopistes osent à peine rêver. Les républiques de l'antiquité avaient pour base la législation directe et le gouvernement gratuit.

La base de la constitution politique de Solon est un impôt progressif sur le revenu, réparti entre les trois classes privilégiées de la société : les Thètes ou prolétaires, vivant de leur travail, n'étaient pas soumis à l'impôt. Toutes les fonctions étaient électives et comme les Thètes formaient le plus grand nombre, ils faisaient les élections ; les magistratures étaient annuelles et soumises à une reddition de compte, devant l'assemblée du peuple : les magistrats étaient punis en cas de mauvaise gestion. Le Sénat facilitait l'exercice de la puissance populaire, convoquait l'assemblée publique, préparait ses décrets et assurait l'exécution de ses délibérations. Périclès organisa la magistrature sous la forme d'un jury formé de cinq mille citoyens tirés au sort chaque année. Les jurés s'appelaient Héliastes, car ils siégeaient en plein soleil.

Les fonctions législatives et judiciaires étaient seules rétribuées : c'était le peuple lui-même qui les exerçait, directement et sans délégation ; pour indemniser les Thètes du temps consacré aux affaires publiques, on donnait aux Héliastes trois oboles (0 fr. 45), solde des matelots, prix de la journée de travail d'un ouvrier ordinaire. On attribua aux citoyens siégeant à l'assemblée politique trois fois par mois la même indemnité qu'aux jurés siégeant dans les tribunaux.

Les fonctions exécutives restaient toujours électives et gratuites. La politique n'était pas une carrière lucrative et l'ambition ne pouvait être doublée d'intérêt. Les emplois ou liturgies, loin d'être comme chez nous des faveurs rétribuées, étaient des charges, souvent fort onéreuses, que le peuple imposait aux riches : les Triérarques équipaient à leurs frais les navires de l'État, les Chorèges payaient les représentations musicales. Un jury tiré au sort choisissait entre les pièces présentées ; sous Périclès le théâtre devint gratuit, grâce au fonds théorique ; on donnait même deux oboles aux citoyens pauvres, pour leur permettre d'assister au théâtre ; chez nous le pauvre qui paye l'impôt ne peut aller à l'Opéra que l'État subventionne pour permettre au riche de payer sa place moins cher. Nos institutions nous semblent démocratiques : que dirons-nous de ce système d'impôts sur les hauts fonctionnaires et de rétribution égalitaire pour l'exercice des droits civiques ; c'est le contre-pied de l'échelle hiérarchique de traitements inaugurée par Auguste et que nous avons empruntée au Bas-Empire Romain.

Soldat ou matelot en temps de guerre, législateur et juge en temps de paix, un Athénien n'avait au-dessus de lui que l'assemblée de ses égaux. Le peuple délibère sur les mesures proposées par le Sénat, vote les dépenses, ratifie les comptes ; il reçoit les ambassadeurs, nomme des fonctionnaires toujours révocables, comptables et responsables ; il décrète les guerres et les soutient ; il vote les lois ; et y obéit. Pour le diriger il faut le convaincre et devenir un grand orateur : Périclès n'avait qu'une puissance morale. L'antagonisme des riches et des pauvres, qui trouble l'équilibre des sociétés modernes, a reçu plusieurs solutions dans l'Antiquité : ce fut d'abord l'impôt progressif de Solon, puis l'immense extension donnée au travail libre sous la démagogie de Périclès, qui résolvait la question du droit au travail. Sparte de son côté nous offre une autre solution : le nivellement des propriétés par les rois socialistes Agis et Cléomène.

Après avoir étudié les solutions données aux problèmes sociaux dans les cités républicaines de l'Antiquité, Ménard fait un tableau très sombre de notre prétendue démocratie. La fin du siècle dernier a été marquée dans la politique aussi bien que dans l'art et la littérature par un élan passionné vers les souvenirs de la Grèce et de Rome : la tradition révolutionnaire est respectable, mais par les intentions plus que par les actes. Elle a remplacé le droit divin des rois par la délégation populaire : la souveraineté ne doit pas se déléguer à une assemblée, un peuple qui prend des mandataires doit toujours pouvoir les révoquer, s'il en est mécontent. Le véritable souverain est celui qui tient les clefs de la caisse : quant à ceux dont la seule fonction est de la remplir, de payer l'impôt, l'Antiquité les eût appelés des esclaves. L'ensemble de nos institutions est resté monarchique : l'exécutif, le pouvoir central, dispose arbitrairement de toutes les places : c'est la compétition des intérêts qui explique la lutte des partis sur l'échiquier politique, non la diversité des principes. L'égalité est fictive : nous avons une aristocratie de fonctionnaires, payés par le gouvernement, qui les choisit et les destitue à son gré ; l'indépendance des magistrats et des prêtres est plus apparente que réelle ; les arrêts des magistrats décident de leur avancement ; quant au clergé, il ne reconnaît que l'autorité du pape et ne se croit pas tenu à la reconnaissance pour la subvention de l'État : « la forte discipline et l'influence morale qu'il exerce sur les femmes, les paysans, les généraux et les magistrats en font une puissance avec laquelle il faut compter. » La police et l'armée ne se renferment pas dans leurs attributions ; l'exécutif les paye et les façonne à son usage : la police est plus préoccupée de surveiller les ennemis du pouvoir que de découvrir les malfaiteurs ; l'invasion étrangère ne représente qu'une contribution de cinq milliards à prélever sur le travail, sans que les traitements soient diminués, tandis qu'une insurrection populaire menace tous les fonctionnaires, c'est-à-dire la société : celle-ci craint donc plus l'ennemi du dedans que celui du dehors. « L'ennemi de la société, c'est-à-dire son successeur, c'est le travail ; dans le conflit des intérêts modernes, il représente l'intérêt légitime ; c'est à lui qu'appartient l'avenir. Le problème des rapports du capital et du travail n'est pas résolu ; il ne peut l'être que par la liberté. Notre malheureux pays étouffé par la centralisation monarchique doit être affranchi d'abord de l'autocratie du gouvernement appuyé sur l'armée des fonctionnaires. La question sociale est là. »

À cette situation si contraire à la justice y a-t-il une solution ? Dans un dialogue plein d'humour entre la bonne fée Révolution et le laborieux et pauvre Jacques Bonhomme, Ménard expose la sienne : c'est la gratuité des fonctions. Ce n'est pas une utopie, puisque dans l'Antiquité grecque et romaine, dans les cités démocratiques comme dans les cités aristocratiques, les fonctions exécutives étaient gratuites ; cette gratuité est inhérente à la forme républicaine. D'ailleurs est-il besoin de remonter si haut dans l'histoire ? Le gouvernement gratuit existe chez nous ; nous avons à la fois des conseils municipaux qui administrent assez bien nos affaires sans rien nous coûter et un gouvernement central qui coûte fort cher et ne s'occupe que des siennes. De ces deux gouvernements, l'un est nécessaire à la vie sociale ; l'autre, inutile et onéreux, devrait disparaître. On étendrait beaucoup les attributions des conseils municipaux et quant aux traitements, sans aller jusqu'à la suppression, on pourrait fixer un maximum de six mille francs, comme l'a fait la Commune, en tenant compte des nécessités de la vie. Les gens qui ne s'en contenteraient pas se rejetteraient sur le commerce. Les fonctions de maires sont purement honorifiques : il en serait de même de celles de sénateurs, de ministres, d'ambassadeurs, et l'on trouverait toujours des citoyens heureux de les obtenir. L'ambition ne serait plus doublée d'intérêt ; le gouvernement perdrait cette force corruptrice de l'argent dont il use contre la liberté. Et si l'on objecte que la gratuité des fonctions en interdit l'accès aux gens sans fortune, Ménard répond qu'il faut en fermer la porte à ceux qui n'ont pas su se rendre indépendants par leur travail.

N'est-ce pas aller un peu loin dans son rêve de perfectionnement moral et politique que de vouloir appliquer à nos mœurs des usages incompatibles ? La gratuité des fonctions a pu trouver sa réalisation dans l'étroite cité antique, mais elle est en contradiction avec nos mœurs, avec tout le développement de la civilisation moderne. Entre les deux conceptions il y a de longs siècles et bien des révolutions. Laissons à Ménard son rêve : l'avenir est le royaume des chimères ; pour la sienne il eût donné sa vie : « Ce sera une forteresse contre laquelle s'useront les vieilles griffes du mal : on la nommera le temple de la justice et de la liberté ; nous ne la bâtirons pas dans les nuages ; nous n'imiterons pas nos pères qui reléguaient au ciel leurs espérances. Que notre sang serve d'engrais à la moisson future ; il faut que la guerre se poursuive tant qu'il y aura des tyrans et des esclaves et bienheureux ceux qui pourront briser les dernières chaînes et brûler le dernier trône. »

L'ŒUVRE

Louis Ménard eût voulu réunir autour de lui les fidèles de toutes les religions : pas un d'eux n'eût entendu une parole blessante pour sa foi. Il faisait du droit, base orgueilleuse de la morale antique, le complément du devoir, principe humilié de la morale chrétienne.

Conservons le dépôt sacré des traditions religieuses ; c'est l'héritage du passé qui doit être transmis à l'avenir. Toutes les religions sont vraies ; chaque affirmation de la conscience humaine est un des rayons de la vérité éternelle. Les religions sont de magnifiques œuvres d'art et l'idéal est plus vrai que la réalité : car elle est passagère et il est éternel. C'est à la science qu'il appartient de préparer la grande paix des dieux ; les temps vont s'accomplir et le Christ renié remontera au ciel comme les dieux de l'Olympe. « Les dieux passent comme les hommes, a dit Renan, et il ne serait pas bon qu'ils fussent éternels. »

Comme Proclus, le dernier des hiérophantes, Alénard se proclamait le prêtre de tous les dieux : il les évoque tous à la fois du fond des vieux sanctuaires, il prépare la communion universelle des vivants et des morts. Dans le Panthéon de l'Église universelle il replace toutes les formes de l'idéal que l'homme a appelées ses dieux. L'origine et la fin des choses ne sont pas du domaine de la raison : c'est l'imagination seule qui entrouvre les portes du monde mystérieux.

Le Cretois Epiménide, chargé d'apaiser la colère céleste, fit partir de l'Aréopage des brebis blanches et des brebis noires : à chaque place où l'une d'elles s'arrêtait, on l'immolait à la divinité du lieu. Mais la dernière vint jusqu'à la lisière d'un bois dont on ne connaissait pas le dieu protecteur et l'on y éleva un autel au dieu inconnu. Epiménide ne demanda pour lui-même qu'une branche de l'olivier sacré qu'Athéné fit germer sur le rocher de l'Acropole.

Le vieux proscrit priait aussi les dieux hellènes en faveur de notre démocratie : il a laissé ses rêves s'envoler aux quatre vents du ciel ; il a relevé pieusement les autels brisés sur toute la face de la terre ; il gardait même un tertre de gazon pour les dieux inconnus. Mais il n'a rien demandé aux hommes : il savait bien que nulle main ne tendrait vers lui le rameau d'olivier.

Philippe Berthelot.

Symbolique des Religions

Louis Ménard

MYTHOLOGIE CHRÉTIENNE

La clef de voûte de la mythologie chrétienne est le symbole de la chute et de la rédemption. Le christianisme a greffé ce symbole sur la fable juive du paradis du serpent et de la pomme, qu'il s'est appropriée en lui donnant une portée morale. Le royaume du Christ n'est pas de ce monde ; c'est donc dans le monde intérieur, dans l'évolution de la conscience humaine qu'il faut chercher l'explication des symboles chrétiens. On peut appliquer à la fable du paradis perdu, comme à toutes les autres fables religieuses, le mot du philosophe Salluste. « Cela n'est jamais arrivé, mais c'est éternellement vrai ». Le drame de l'Éden se déroule tous les jours sous nos yeux. L'enfant, dont la conscience n'est pas éveillée, est dans le paradis, dans les limbes de la vie morale. Il ne connaît pas sa faiblesse, et, comme les animaux, il ignore qu'il est nu. Il est innocent comme eux, il n'a pas à lutter, car il ne sait pas distinguer le bien du mal. Cette science il ne peut l'acquérir que par sa première faute, et cette première faute ne peut être qu'une désobéissance. « Pourquoi te caches-tu ? — Aurais-tu mangé de ce fruit dont je t'avais défendu de manger ? » L'enfant comprend qu'il a mal fait, il sait distinguer le bien du mal. C'est une chute, car il était innocent et il ne l'est plus, mais, sans la chute, il n'y aurait pas de rédemption.

Qu'il est loin ce paradis de virginité pleurée, où il n'y avait pas de remords ! Maintenant, voilà l'homme condamné au travail, au dur travail sur soi-même, à la perpétuelle nécessité de choisir entre la passion et le devoir. Deux routes s'ouvrent devant lui, l'une mène au salut, l'autre à la perdition, l'une au ciel, l'autre à l'enfer : pourquoi repousserions-nous ces expressions mythologiques qui rendent si clairement la pensée ? Le ciel c'est la perfection morale : on voit Dieu face à face, puisque Dieu c'est le bien absolu. L'enfer, c'est la corruption définitive : à force de choisir le mal, on perd jusqu'à la notion du bien ; c'est ce que la langue mystique appelle haïr Dieu. En se faisant de l'accomplissement du devoir une telle habitude qu'on devienne incapable d'une infamie ou d'une lâcheté, on sera au-dessus de la tentation. Si nous arrivions à cette sécurité dans le bien qui nous mettrait à l'abri de la moindre faute, nous serions rachetés de l'esclavage du péché, de l'empire de la mort, car le péché est la mort de l'âme.

Comment arriver à cette rédemption ? Par la lutte incessante contre nos passions égoïstes, par le sacrifice de soi-même au bonheur d'autrui. Cette abnégation sans réserve unit l'homme au bien absolu, que la mythologie chrétienne appelle Dieu. Aimer Dieu par-dessus toute chose, c'est subordonner toutes ses actions à la loi morale qui se révèle dans la conscience. Le type idéal de cette vertu suprême est l'Homme-Dieu qui s'immole pour ses frères : c'est la plus haute expression du divin dans l'humanité. Elle s'adore elle-même, non plus, comme aux temps héroïques, dans sa force et dans sa beauté, mais dans ses douleurs, ses humiliations et sa mort.

L'Homme-Dieu n'est plus un dompteur de monstres, c'est l'éternel révolté contre les iniquités sociales, l'ami des pauvres, l'ennemi des riches et des prêtres, crucifié pour le salut du monde. L'apothéose de l'homme arrive ici à son dernier terme et s'affirme avec une singulière énergie par les détails profondément humains de l'agonie du rédempteur. Ce symbole moral, le serpent des passions, la chute par la connaissance du mal, la rédemption par le sacrifice et l'ascension dans le ciel bleu de la conscience, ce symbole si simple et si grand peut être accepté par un libre penseur. Je m'inquiète peu de savoir si mon explication satisfait telle ou telle Église ; aujourd'hui comme dans l'Antiquité, le sacerdoce est chargé de conserver les traditions, et non de les expliquer ; il n'est pas obligé de les comprendre ; son rôle se borne à nous les transmettre fidèlement ; pour en pénétrer le sens, nous avons la lumière qui éclaire tout homme en ce monde.

À la fable édénique, telle que l'ont comprise les chrétiens, se rattache l'idée d'une solidarité à travers le temps entre tous les membres de la race humaine. La désobéissance des Protoplastes est considérée comme ayant imprimé à leurs descendants une tache qui ne peut être lavée que dans le sang expiatoire. Pour les Démons d'Empédocle, pour les âmes d'Hermès Trismégiste, l'incarnation est le châtiment d'une faute commise dans une existence antérieure ; dans la fable édénique, la tache originelle, c'est-à-dire l'hérédité du vice, n'est pas la punition d'une faute antérieure à la naissance, mais une conséquence de la naissance elle-même. La conception est une souillure dont une seule créature est exempte, la mère du Sauveur ; elle est seule immaculée.

L'atavisme et l'hérédité sont des faits physiologiques, mais il y a aussi dans le monde moral une loi d'équilibre et de solidarité. Il faut que tout crime soit puni, que toute dette soit payée. Les iniquités sociales sont collectives, chacun de ceux qui en profitent doit avoir sa part d'expiation ; mais s'il y a une solidarité dans le mal, pourquoi n'y en aurait-il pas une aussi dans le bien ? Dans ce monde mauvais il y a des âmes sans souillures, des justes qui n'ont rien à épier, pas une Érinye qui les accuse. Ils sont bien rares, mais il y en a, j'en ai connu. Eh bien il faut qu'ils souffrent pour les autres, puisqu'ils sont plus forts. Ils porteront le poids des péchés de leurs frères ; ainsi l'équilibre sera rétabli, l'éternelle Justice sera satisfaite. C'est le symbole chrétien de la Rédemption, qui se rattache à nos plus anciennes traditions mythologiques : Soma chez les Aryas de l'Inde, Dionysos chez les Grecs, représentaient l'idée d'un Dieu qui s'offre en holocauste pour le salut des hommes. Le dernier-né des races divines, l'Homme-Dieu, précise le caractère moral de ce sacrifice expiatoire. Il est l'agneau sans tache qui lave dans son sang les souillures du monde ; par ses souffrances et par sa mort, il rachète le genre humain de la damnation éternelle.

Entre les deux pôles de la vie morale, le salut et la damnation, ou, comme dit la mythologie chrétienne, le ciel et l'enfer, il y a place pour le repentir et l'expiation de l'âme par le châtiment. C'est le châtiment qui réveille les consciences endormies, le coupable y a droit, car ayant la raison pour l'éclairer, il est susceptible d'amélioration. La peine éclaire et purifie, et c'est pour cela que les Grecs nommaient les Déesses du remords et du châtiment les Bienveillantes. Dans le dualisme iranien, il y a pour les plus grands crimes une amnistie finale : le mauvais principe lui-même, Ahriman, se repentira et sera pardonné à la fin des temps. Sans généraliser ainsi la clémence et sans admettre le pardon des Diables, qui ne sont que la personnification des vices, le christianisme laisse à l'âme coupable un espoir d'amnistie dans la doctrine du purgatoire sans toutefois abandonner l'éternité de l'enfer. La conscience publique a souvent protesté contre le dogme implacable des peines éternelles, peut-être saisirait-on mieux cette théorie de l'irréparable si on la dépouillait de sa forme mythologique pour lui en donner une autre mieux appropriée aux habitudes de l'esprit moderne. Essayons ! Un homme a commis un crime cette nuit, sous le regard des étoiles. Elles sont si loin qu'elles ne l'ont pas vu encore ; mais dans un siècle, dans deux siècles, dans trois siècles, leurs rayons, échelonnés dans l'infini du ciel, éclaireront le meurtre. Ce qui est passé sera toujours présent quelque part ; s'il y a là-haut, n'importe où, dans une planète inconnue, un œil ouvert, un télescope braqué (et pourquoi pas ?), il y aura là une voix, qui sera la voix de la conscience éternelle, et qui dira : « Oh ! l'assassin ! » À toute heure, à jamais, l'écho de cette voix sera répercuté dans l'espace. Il y a des astres dont la lumière met trois mille ans à nous parvenir : pour eux, l'heure du crime sera dans trois mille ans l'heure présente. Le meurtrier s'est corrigé, il est devenu un saint ; mais quand ces juges lointains donneront leurs suffrages, il ne sera pour eux qu'un meurtrier.

Le sang répandu ne rentre pas dans les veines et aucun Dieu ne peut faire que ce qui est arrivé ne soit pas arrivé. Toute action coupable, injustice, violence, lâcheté ou trahison, une femme séduite, un enfant abandonné, un mauvais conseil, un mauvais exemple, entraîne, dans la voie du mal des âmes qui, sans cela, auraient pu tourner au bien. Elles en corrompront d'autres à leur tour, et indéfiniment se prolongera la chaîne maudite : malheur donc au premier anneau ! Si le criminel se repent, sa conversion s'étendra-t-elle à tous ceux qu'il a perdus ? Que leur répondra-t-il, quand ils l'accuseront devant l'inflexible Justice ? Contre les arrêts de la loi morale, il n'y a pas de prescription : *AEterna auctoritas esto*, comme dit la loi des Douze Tables, la revendication est éternelle.

LE VERBE

Toute révolution, qu'elle soit violente ou mystique, qu'elle attaque par l'épée ou par la parole l'ordre de choses établi, inspirera toujours la même terreur aux privilégiés. Le sacerdoce formait chez les Juifs la plus haute classe de la société. Les prédications messianiques troublaient sa quiétude, car, en réveillant le patriotisme du peuple, elles pouvaient exciter la colère des Romains. Les prêtres implorèrent contre Jésus de Nazareth l'appui du bras séculier qu'ils avaient imploré jadis contre Judas Macchabée. Le procès de Jésus, comme celui de Socrate, fut un procès de tendance : la religion servit de prétexte à une accusation politique. S'il est juste de reprocher à la démocratie la mort de Socrate, il faut reconnaître que la mort de Jésus fut le crime des classes dirigeantes.

Il courait de mauvais bruits sur cet agitateur, dont on ne connaissait pas les moyens d'existence, et qui traînait toujours après lui des troupes de mendiants et de gens sans aveu. « Que leur prêche-t-il pour avoir tant de succès », disaient les honnêtes gens, « ce n'est certainement pas le respect de l'ordre et de la propriété. » On lui attribue des paroles inquiétantes : « Un câble entrera plus facilement dans le trou d'une aiguille qu'un riche dans le royaume de Dieu ». Il prétend qu'on ne peut être sauvé qu'en donnant tout son bien aux pauvres, que les riches iront dans le feu éternel et les pauvres dans le sein d'Abraham. C'est avec ces discours incendiaires que les fauteurs de désordre excitent les foules ignorantes au meurtre et au pillage. Ils en veulent à la société parce qu'ils n'ont pas su s'y faire une position, et ils tâchent de tout bouleverser pour pêcher en eau trouble. Certes, les honnêtes gens ne sont pas hostiles à la liberté de la parole, mais cette liberté ne doit pas aller jusqu'à la licence. Si on ne la contient pas dans de justes limites, il n'y a plus de société possible. Personne ne pourra dormir tranquille, si les déclassés, qui trouvent qu'on méconnaît leur mérite, ont le droit de lever l'étendard de la révolte, de se poser en redresseurs de torts, en déblatérant contre les gens respectables et en soulevant les plus mauvaises passions. Une bonne administration doit encourager le travail, qui fait la richesse de l'État ; et comment le peuple continuera-t-il à travailler si un charlatan lui parle des lis des champs, qui ne tissent ni ne filent, et qui sont mieux vêtus que Salomon. Il ne nous permet pas même de faire arrêter les voleurs : si on me prend ma tunique, il veut que j'abandonne encore mon manteau. Ponce-Pilate était continuellement obsédé par des personnages prépondérants qui lui parlaient du péril social et essayaient de lui faire partager leur effroi. « Quand l'ordre public est menacé, disaient-ils, on doit s'assurer de la personne des meneurs : il vaut mieux prévenir une émeute que d'avoir à la réprimer. Un théoricien de l'anarchie est plus dangereux et plus coupable que les brutes qui se laissent entraîner par ses déclamations. Au moyen de quelques phrases à effet sur l'inégalité des conditions, un intrigant devient bien vite l'idole de la foule : « Si cet homme-là était au pouvoir, disent les misérables, tout le monde serait heureux ! » Les gens qui ont tout à gagner à un bouleversement et rien à y perdre, se pressent sur les pas de ce Jésus et n'attendent qu'un signal de lui pour se ruer sur les propriétés. Il s'est fait le chef du parti du désordre, et l'incroyable tolérance des pouvoirs publics ne sert qu'à encourager son audace. Dernièrement, il a chassé les marchands du temple, sans que l'autorité ait rien fait pour protéger la liberté du commerce. Aussi, son ambition n'a plus de bornes. À l'occasion des fêtes de Pâques, il est entré dans la ville comme un triomphateur, acclamé par la populace, qui criait : « Vive le fils de David ! » Il se croit déjà le roi des Juifs, ses affiliés le font passer pour le Messie, on finira par en faire un Dieu. Il faut pourtant bien que les honnêtes gens se défendent, et le premier devoir du gouvernement est de garantir leur sécurité contre les coupables menées des brouillons et des factieux. »

Il répugnait à Pilate de faire mourir un innocent pour satisfaire les haines de prêtres. En somme, les ennemis de Jésus ne trouvaient à lui reprocher que des intempérances de langage : il n'y avait pas là de quoi tuer un homme. Mais on fit comprendre à Pilate que son indulgence compromettrait sa position officielle : « Si tu ne vois pas le danger de ces prédications subversives, c'est que tu n'es pas l'ami de César ». Pilate se lava les mains et céda pour conserver sa place. Sa lâcheté ne lui laissa pas beaucoup de remords. « Le maintien de l'ordre est à ce prix, se disait-il. Un gouvernement habile doit tenir compte de l'opinion publique et se rendre à l'avis des hommes éclairés. Caïphe, qui a le sens pratique, a très bien posé la question : il y a tout avantage à sacrifier un individu pour sauver la société. Après tout, cet homme-là excitait à la haine et au mépris des gens les plus honorables. Si je lui faisais grâce, j'aurais l'air de céder à ma femme ; elle m'ennuie avec ses rêves, sa superstition et sa sensiblerie. Et puis cela m'est égal, je m'en suis lavé les mains ; avec un ennemi de la société, on n'est pas obligé d'être juste. »

Jésus fut livré aux prêtres qui le mirent en croix. Le gouvernement avait fourni des troupes pour contenir le peuple pendant le supplice, mais l'élargissement de Barabbas un homme d'action, avait suffi pour calmer le peuple. Il ne bougea pas et laissa tuer son ami. Cet événement, qui partage en deux l'histoire du monde, passa inaperçu des contemporains. Les prêtres, ayant reçu Jésus des mains de Pilate, ne le lâchèrent plus ; ils peuvent dormir tranquilles, leur victime leur appartient à jamais : ils en ont fait leur propriété. Ils battent monnaie avec sa doctrine, ils vivent de sa mort. Chaque jour, le prêtre tient l'hostie dans ses mains, et renouvelle sur l'autel le sacrifice du Calvaire. L'histoire de l'Église est le commentaire sinistre de cette divine tragédie. Du ciel mystique où il réside, le Dieu de la libre parole et des revendications égalitaires a vu chaque jour, pendant dix-huit cents ans, sa croix servir de drapeau à la plus violente oppression qui ait jamais pesé sur sa pensée.

LE VERBE

D'après le dogme catholique, Jésus-Christ est présent à la fois dans chacune des hosties. Ce grand symbole de l'Eucharistie est profondément vrai, d'une vérité mystique et inconsciente, comme tous les symboles religieux. Le christianisme est l'apothéose des vertus humaines : l'Homme-Dieu, type du sacrifice de soi-même pour le salut du monde, se révèle éternellement dans toutes ses incarnations, dans tous les martyrs de la libre parole, qui réclament, au nom de la fraternité universelle, les droits imprescriptibles des faibles et des humbles, des déshérités et des pauvres, de toutes les victimes du désordre social. Depuis que le christianisme est devenu la religion de l'Europe, le drame de Golgotha, la Rédemption par la douleur, a eu d'innombrables répétitions sur le sanglant théâtre de l'histoire : les persécutions des hérétiques et des infidèles, les bûchers de Jean Huss et de Jérôme de Prague, de Vanini et d'Etienne Dollet, de Savonarole et de Giordano Bruno, le massacre des Albigeois et des Vaudois, les autodafés, les prisons du Saint-Office, la nuit de la Saint-Barthélémy, la révocation de l'édit de Nantes. Toutes ces victimes de l'Église rayonnent dans la gloire du ciel chrétien. Ainsi le Christ est présent dans toutes les hosties.

L'hérésie a emboîté le pas à l'Église, et le bûcher de Michel Servet a répondu aux bûchers de l'Inquisition. Le pouvoir politique a mis ses soldats, ses juges et ses bourreaux au service des haines sacerdotales ; les rois d'Espagne ont présidé aux sacrifices humains ; les dragonnades de Louis XIV ont renouvelé les lâches insultes des soldats bafouant le Sauveur dans le prétoire de Pilate, et toujours, entre les bourreaux et les victimes, le peuple assistait, indifférent et inerte, au spectacle des tortures et à l'agonie de ceux qui mouraient pour lui. La Révolution n'a pas voulu rester en arrière de l'ancien régime. Elle qui proclamait les Droits de l'homme et l'affranchissement de la pensée, elle a eu ses procès de tendance avec la parodie de la justice pour frapper la libre parole ; elle a eu la loi des suspects et les échafauds de la Terreur. Avant d'y monter pour avoir prêché la clémence, Camille Desmoulins avait le droit d'évoquer, devant le tribunal révolutionnaire, le souvenir du sans-culotte Jésus.

Il faut que le Calvaire soit éternel, puisque les Dieux sont en dehors du temps. Le Calvaire s'appelle aujourd'hui Cayenne et

LE VERBE

Nouméa, et comme le Christ fut crucifié entre deux voleurs, il faut que les prédicateurs populaires et les journalistes intransigeants, qui répandent, par la parole, l'évangile des revendications sociales, soient confondus, sur les pontons et dans les bagnes, avec les brigands et les assassins. Et il en sera ainsi jusqu'à la fin des temps, car le Christ est immortel, comme tous les Dieux, et il a annoncé que son règne ne devait pas finir. Il faut que cette parole s'accomplisse, et que le juste soit immolé pour ses frères dans les siècles des siècles. Éternellement la pensée libre sera proscrite, éternellement les apôtres de la justice fraternelle, des utopies égalitaires et des palingénésies rêvées seront insultés, fouettés et couronnés d'épines, comme leur divin modèle, crucifié dans chacun d'eux, le Verbe rédempteur, la Parole créatrice, la Raison éternelle, qui éclaire tout homme en ce monde, et qui est la vérité, la lumière et la vie.

APOTHÉOSE DU FÉMININ

Parmi les causes qui ont aidé à la transformation des croyances et des mœurs du monde occidental, une des plus importantes, quoiqu'on l'ait peu remarquée, a été l'action continue des femmes. Ne pouvant tourner leur activité vers la politique, les femmes se rejetaient sur la religion. Leur nature nerveuse les entraînait surtout vers les cultes mystiques, où la mort et la résurrection d'un Dieu était célébrées par des alternatives de douleur bruyante et de joie passionnée. Pendant plusieurs siècles, les femmes avaient préparé l'avènement du christianisme, elles prirent une part active à sa propagation. Elles suivaient le Christ au désert, suspendues à sa grave parole, car il n'avait pas voulu condamner la femme adultère, et il pardonnait beaucoup à celle qui avait beaucoup aimé. Au jour de sa passion et de sa mort, vendu par un de ses apôtres, renié par un autre, abandonné de tous ses disciples et de tous ses amis, il vit des femmes en pleurs sur le chemin de son supplice. Elles embrassaient la croix et buvaient le sang de la régénération. Quand elles revinrent aux premières lueurs du matin et trouvèrent le sépulcre vide, c'est à elles qu'il apparut d'abord et, avant toutes les autres, à celle de laquelle il avait chassé sept Démons. Elle fut la première à saluer le nouveau

Dieu du monde, et le monde crut à sa parole et répéta avec elle : « Le Christ est ressuscité ».

Que leur a-t-il donné, pour prix de leur dévotion à son culte ? On dit aujourd'hui que le christianisme a émancipé la femme : il y avait longtemps que cela n'était plus à faire. En substituant le mariage à la polygamie patriarcale, l'hellénisme avait élevé la femme à la dignité de mère de famille, de maîtresse de maison, selon l'expression d'Homère. Des Déesses siégeaient dans l'Olympe, à côté des Dieux, et les oracles divins étaient rendus par des femmes, les Péléiades de Dodone, les Pythies de Delphes. Mais le Dieu du christianisme s'incarne sous la forme d'un homme, et le Féminin n'a pas place dans la Trinité. La femme est l'instrument du démon et la source de la damnation du monde. Ses mains ne sont pas assez pures pour offrir le sacrifice ; sa bouche, pleine de mensonges, ne peut annoncer au peuple les paroles divines. Elle est exclue du sacerdoce, la plus haute fonction dans l'ordre moral ; repoussée au pied de l'autel, elle s'agenouille devant le prêtre, confesse ses fautes, et implore son pardon. L'homme, investi d'un caractère sacré, l'interroge comme un juge, lui impose la pénitence expiatoire, éclaire sa conscience obscure et dirige tous les actes de sa vie.

Et cependant sur les débris de la dernière Église, la femme viendra prier. C'est que le christianisme a fait bien mieux que de l'affranchir, il l'a conquise. Ce n'est pas la liberté qu'elle demande, c'est l'amour, qui la choisit et la dompte. Sa religion n'est pas la justice, c'est la grâce ; sa morale n'est ni le droit ni le devoir, c'est la charité. Elle n'a que faire de ces divinités viriles qui, du haut des Acropoles, excitent les hommes au combat. Elle n'a nul souci de la patrie et des religions républicaines, il lui faut un Dieu enfant à bercer dans ses bras, un Dieu mort à inonder de ses larmes. Qu'a-t-elle besoin d'être Déesse, pourvu qu'elle soit la mère de Dieu, son lis immaculé, son épouse élue, enveloppée dans sa lumière ? Elle lave les plaies, elle détache la couronne d'épines, savourant ses douleurs bénies, le cœur percé du glaive, mais le front couronné d'étoiles, ravie, transportée, défaillante, dans la nimbe radieuse des assomptions.

Aux jours de sa jeunesse, la Grèce avait enfanté la religion d'Homère et de Phidias ; quand son idéal fut transformé par la philosophie, elle légua aux races nouvelles le fruit de sa vieillesse, le Verbe, le dernier-né de ses Dieux. Une philosophie ne peut devenir une religion qu'en revêtant la forme concrète du symbole ; il faut que les idées divines prennent un corps, comme les âmes qui veulent entrer dans la vie. Cette incarnation du divin n'est pas, comme on l'a cru, l'œuvre artificielle des lettrés et des prêtres : c'est une œuvre populaire, une révélation inconsciente et spontanée. Les philosophes n'ont jamais pu créer un symbole religieux, pas plus qu'ils ne peuvent créer une langue. Mais leur pensée avait pénétré à leur insu dans la profondeur des couches sociales, parmi les vaincus et les esclaves. Dans les derniers rangs d'un peuple méprisé, il était tombé un rayon de cette lumière sacrée, l'éternelle Raison, qui est le seul Dieu de la philosophie, et le Verbe s'était incarné dans le sein d'une vierge juive. Le souffle créateur de la Grèce, l'esprit aux ailes de colombe, avait visité l'âme religieuse de l'Orient et l'avait fécondée sans la flétrir.

D'après le fragment des Grandes Eœées placé au commencement du Bouclier d'Hésiode, Zeus, voulant opposer un protecteur puissant au fléau de la guerre, résolut de donner Héraclès au monde ; c'est dans ce but qu'il entra chez Alcmène, en prenant les traits d'Amphitryon, « car aucune femme n'aima autant son mari ». Dans le dogme chrétien, une vierge sans tache, épouse d'un juste, est choisie pour enfanter le Sauveur ; la forme du symbole est plus chaste, mais c'est la même pensée : la naissance des héros est un bienfait des Dieux. Héraclès est appelé tantôt le fils de Zeus, tantôt le fils d'Amphitryon ; Jésus passe pour le fils de Joseph, et l'Évangile expose la généalogie qui le rattache à David, quoiqu'il soit en réalité fils de Dieu. Le Rédempteur ne pouvait naître que d'une vierge, car c'est la pureté de l'âme qui enfante le sacrifice de soi-même. Rien de plus transparent que ce gracieux symbole de la Vierge mère, qui devait fournir à l'art de la Renaissance un type nouveau du Féminin éternel.

La Grèce avait conçu et réalisé tous les types de la beauté humaine et en avait peuplé son Olympe ; mais l'art grec n'avait pas songé à confondre dans un type unique les deux formes idéales du Féminin, la Vierge et la Mère. L'art chrétien a comblé cette lacune : la Vierge mère a toujours été son type de prédilection. À l'idéal féminin qui flottait confusément dans les rêves du Moyen Âge, il fallait une forme définitive : la Renaissance l'a réalisée, et le véritable apôtre de la mère de Dieu, c'est Raphaël. Sa gloire est d'avoir su donner au type divin de la Vierge mère sa plus haute et sa plus complète expression. La Madone de Raphaël n'est pas cette pâle Vierge byzantine qui règne dans un nimbe d'or, ni celle qui, dans le Paradis d'Angelicos de Fiesole, reçoit la couronne des mains de son fils, dont elle semble plutôt l'épouse. Ce n'est pas non plus l'humble et douce ménagère des maîtres de la Flandre et de l'Allemagne, moins encore la Vierge sans enfant des assomptions espagnoles, qui ne regarde pas la terre, et qui s'envole dans le bleu sous l'aile des chérubins. La Madone est plus que tout cela, c'est l'apothéose de la famille, une mère qui sourit à son enfant. Le père si effacé dans la légende, le menuisier à la barbe grisonnante, qui figuré toujours au second plan dans les Saintes Familles, se repose de son travail en contemplant ce tableau de la paix et du bonheur. La Madone est la plus sublime création de l'art chrétien : c'est encore plus beau que les cathédrales gothiques ou les fresques du Vatican.

Quoique la mère de Dieu ait été exclue de la Trinité par l'inflexible orthodoxie monothéiste, elle a bien plus d'importance dans le culte que le Saint-Esprit et même que Dieu le père. Seule, elle se manifeste encore aujourd'hui par des théophanies et des guérisons miraculeuses. Son culte est le plus populaire des religions vivantes. S'il n'a pas pris dans les pays protestants le même développement que dans les pays catholiques, c'est qu'il n'est pas sorti de quelques versets des textes sacrés ; il est éclos spontanément dans la conscience du peuple qui place la Sainte Vierge, la Bonne Vierge, au plus haut du ciel, dans le rayonnement de la gloire de son fils. De nos jours, l'Église romaine a consacré la dignité du Féminin éternel par le dogme de l'Immaculée Conception. Ce dogme récent, qui précise le caractère mythologique et divin de la Vierge mère, est le couronnement du christianisme : l'apothéose de l'humanité ne serait pas complète si le Féminin n'en avait sa part.

Le Dernier Apôtre de l'Hellénisme
Extrait de son livre Le Voyage de Sparte
Maurice Barrès

L'idée qu'on se faisait de la Grèce, de cette littérature et de cette contrée célèbre n'a pas toujours été la même en France, et elle a passé depuis trois siècles par bien des variations et des vicissitudes.

— Sainte-Beuve.

Au lycée de Nancy, en 1880, M. Auguste Burdeau, notre professeur de philosophie, ouvrit un jour un tout petit livre :
— Je vais vous lire quelques fragments d'un des plus rares esprits de ce temps.

C'étaient *les Rêveries d'un païen mystique*. Pages subtiles et fortes, qui convenaient mal pour une lecture à haute voix, car il eût fallu s'arrêter et méditer sur chaque ligne. Mais elles conquirent mon âme étonnée.

Avez-vous fait cette remarque que la clarté n'est pas nécessaire pour qu'une œuvre nous émeuve ? Le prestige de l'obscur auprès des enfants et des simples est certain. Aujourd'hui encore, je délaisse un livre quand il a perdu son mystère et que je tiens dans mes bras la pauvre petite pensée nue.

Les difficultés de la thèse de Ménard, l'harmonie de ses phrases pures et maigres, l'accent grave de Burdeau qui mettait sur nous l'atmosphère des temples, son visage blême de jeune contremaître des ateliers intellectuels, tout concourait à faire de cette lecture une scène théâtrale.

Trente petits provinciaux de Lorraine et d'Alsace n'étaient guère faits pour recevoir avec profit cette haute poésie essentielle, ce triple extrait d'Athènes, d'Alexandrie et de Paris. Il eût mieux valu qu'un maître nous proposât une discipline lorraine, une vue à notre mesure de notre destinée entre la France et l'Allemagne. Le polythéisme mystique de Ménard tombait parmi nous comme une pluie d'étoiles ; il ne pouvait que nous communiquer une vaine animation poétique. J'ai horreur des apports du hasard ; je voudrais me développer en profondeur plutôt qu'en étendue ; pourtant, je ne me plaindrai pas du coup d'alcool que nous donna, par cette lecture, Burdeau. Depuis vingt années, Ménard, sans me satisfaire, excite mon esprit.

Peu après, vers 1883, comme j'avais l'honneur de fréquenter chez Leconte de Lisle, qui montrait aux jeunes gens une extrême bienveillance, je m'indignai devant lui d'avoir vu, chez Lemerre, la première édition des *Rêveries* presque totalement invendue. À cette date, je n'avais pas lu les préfaces doctrinales de Leconte de Lisle, d'où il appert que l'esthétique parnassienne repose sur l'hellénisme de Ménard, et j'ignorais que les deux poètes eussent participé aux agitations révolutionnaires et stériles que le second Empire écrasa. Je fus surpris jusqu'à l'émotion par l'affectueuse estime que Leconte de Lisle m'exprima pour son obscur camarade de jeunesse. Je fus surpris, car ce terrible Leconte de Lisle, homme de beaucoup d'esprit, mais plus tendre que bon, s'exerçait continuellement au pittoresque, en faisant le féroce dans la conversation ; je fus ému, parce qu'à vingt ans, un novice souffre des querelles des maîtres que son admiration réunit. Leconte de Lisle me peignit Ménard comme un assez drôle de corps (dans des anecdotes, fausses, je pense, comme toutes les anecdotes), mais il y avait, dans son intonation une nuance de respect. C'est ce qu'a très bien aperçu un poète, M. Philippe Dufour. « J'étais allé voir Leconte de Lisle, dit M. Dufour, au moment où la *Revue des Deux Mondes* publiait ses *Hymnes orphiques* : je suis content de ces poèmes, me déclara le maître, parce que mon vieil ami Ménard m'a dit que c'est dans ces vers que j'ai le plus profondément pénétré et rendu le génie grec. » La jolie phrase, d'un sentiment noble et touchant ! Belle qualité de ces âmes d'artistes, si parfaitement préservées que, bien au delà de la soixantaine, elles frissonnent d'amitié pour une même conception de l'hellénisme. « Tout est illusion, » a répété indéfiniment Leconte de Lisle, mais il a cru dur comme fer à une Grèce qui n'a jamais existé que dans le cerveau de son ami.

Heureux de donner un admirateur à Ménard, qui ne s'en connaissait guère, Leconte de Lisle me conduisit un matin chez Polydor, humble et fameux crémier de la rue de Vaugirard. Les Grecs, fort éloignés de nos épaisses idées de luxe, ont toujours réduit leurs besoins matériels à une frugalité qui nous paraîtrait misérable. Le vieil helléniste avait une maison place de la Sorbonne et, dans cette maison, une jeune femme charmante, mais il venait se nourrir pour quelques sous chez Polydor. Je vis mon maître, je vis des petits yeux d'une lumière et d'un bleu admirables au milieu d'un visage ridé, un corps de chat maigre dans des habits râpés, des cheveux en broussailles : au total, un vieux pauvre animé par une allégresse d'enfant et qui éveillait notre vénération par sa spiritualité. Nul homme plus épuré de parcelles vulgaires. Si j'aime un peu l'humanité, c'est qu'elle renferme quelques êtres de cette sorte, que d'ailleurs elle écrase soigneusement.

Depuis cette première rencontre, je n'ai jamais cessé d'entretenir des relations avec Louis Ménard. Je montais parfois l'escalier de sa maison de la place de la Sorbonne. J'évitais que ce fût après le soleil couché, car, sitôt la nuit venue, en toute saison, il se mettait au lit, n'aimant pas à faire des dépenses de lumière. Il occupait à l'étage le plus élevé une sorte d'atelier vitré où il faisait figure d'alchimiste dans la poussière et l'encombrement. On y voyait toute la Grèce en moulages et en gravures qu'il nous présentait d'une main charmante, prodigieusement sale. D'autres fois, nous faisions des promenades le long des trottoirs. Il portait roulé autour de son cou maigre un petit boa d'enfant, un mimi blanc en poil de lapin. Peut-être que certains passants le regardaient avec scandale, mais, dans le même moment, il prodiguait d'incomparables richesses, des éruditions, des symboles, un tas d'explications abondantes, ingénieuses, très nobles, sur les dieux, les héros, la nature, l'âme et la politique : autant de merveilles qu'il avait retrouvées sous les ruines des vieux sanctuaires.

C'était un homme un peu bizarre, en même temps que l'esprit le plus subtil et le plus gentil, ce Louis Ménard ! En voilà un qui ne conçut pas la vie d'artiste et de philosophe comme une carrière qui, d'un jeune auteur couronné par l'Académie française, fait un chevalier de la Légion d'honneur, un officier, un membre de l'Institut, un commandeur, un président de sociétés, puis un bel enterrement ! Il a été passionné d'hellénisme et de justice sociale, et toute sa doctrine, long monologue incessamment poursuivi, repris, amplifié dans la plus complète solitude, vise à nous faire sentir l'unité profonde de cette double passion.

Comme Jules Soury, fils d'un opticien, et comme Anatole France, fils d'un libraire, Louis Ménard est né de commerçants parisiens, nés eux-mêmes à Paris. Tous les trois, en même temps qu'ils m'émerveillent par leur aisance à respirer et à s'isoler au plus épais de la grande ville (d'où ils s'absentent rarement), sont aimables, curieux, ornés, simples de mœurs. Tout aboutit et se combine dans leurs cerveaux ; ils sont, comme leur ville, des esprits carrefours, tout à la fois athées et religieux.

Ménard est né dans l'automne de 1822 (19 octobre), rue Gît-le-Cœur. Il eut pour compagnon d'études, au collège Louis-le-Grand, Baudelaire qui le précédait de deux ans. En 1846, ils firent la connaissance de Leconte de Lisle qui débarquait à Paris. Celui-ci m'a raconté que, dès le premier jour, Baudelaire leur récita *la Barque de Don Juan*. Je crois avoir distingué que Leconte de Lisle appréciait mal Baudelaire. Le désir de produire de l'effet rendait le jeune Baudelaire insupportable : les poètes sont souvent démoniaques. Et puis, son parti pris aristocratique devait choquer dans ce petit cénacle où les Leconte de Lisle, les Ménard, les Thalès Bernard participaient de l'esprit généreux et absurde du Paris révolutionnaire à la fin du règne de Louis-Philippe.

Ménard travaillait dans le laboratoire du chimiste Pelouze. On lui doit la découverte du collodion, d'un usage si important par ses applications au traitement des plaies, à la chirurgie, aux matières explosibles et par son emploi décisif pour la photographie. C'est encore lui qui, le premier, réussit à cristalliser la mannite électrique, le plus puissant explosif connu. Au jugement de M. Marcelin Berthelot,

Ménard était près des grandes découvertes modernes. Il tentait la fabrication du diamant, à côté de son ami Paul de Flotte, qui cherchait à faire de l'or, quand la révolution de 1848 éclata.

Tous ces jeunes gens se jetèrent dans le mouvement socialiste.

Louis Ménard, transporté d'indignation par les fusillades de Juin, publia des vers politiques, *Gloria victis*, et toute une suite d'articles, intitulés : *Prologue d'une Révolution*, qui lui valurent quinze mois de prison et 10 000 francs d'amende. Il passa dans l'exil, où il s'attacha passionnément à Blanqui et connut Karl Marx. Il vivait en aidant son frère à copier une toile de Rubens. Leconte de Lisle, envoyé en Bretagne par le Club des Clubs, pour préparer les élections, était resté en détresse à Dinan. Il gardait sa foi républicaine, mais se détournait, pour toujours, de l'action. Il s'efforça de ramener le proscrit dans les voies de l'art : « En vérité, lui écrivait-il, n'es-tu pas souvent pris d'une immense pitié, en songeant à ce misérable fracas de pygmées, à ces ambitions malsaines d'êtres inférieurs ? Va, le jour où tu auras fait une belle œuvre d'art, tu auras plus prouvé ton amour de la justice et du droit qu'en écrivant vingt volumes d'économie politique. »

Le grand silence de l'Empire les mit tous deux au même ton. Et Ménard, à qui l'amnistie de 1852 venait de rouvrir les portes d'une France toute transformée, s'en alla vivre dans les bois de Fontainebleau.

Si l'on feuillette l'histoire ou simplement si l'on regarde autour de soi, on est frappé du grand nombre des coureurs qui lâchent la course peu après le départ, et qui, voyant le train dont va le monde, ne daignent pas concourir plus longtemps. Les hommes sont grossiers et la vie injuste. On peut s'exalter là-dessus et dénoncer les violences des puissants et la bassesse des humbles ; on peut aussi se réfugier dans le rêve d'une société où régneraient le bonheur et la vertu. Cette société édénique, selon Ménard, ce fut la Grèce. Il entreprit de la révéler aux cénacles des poètes et des républicains.

José-Maria de Heredia a souvent entendu Ménard lire du grec : « Ménard prenait un vieil in-folio à la reliure fatiguée, Homère, Anacréon, Théocrite ou Porphyre, et traduisait. Aucune difficulté du texte ne pouvait l'arrêter, et sa voix exprimait une passion telle que je n'en ai connue chez aucun autre homme de notre génération. La vue seule des caractères grecs le transportait ; à la lecture, il était visible qu'il s'animait intérieurement ; au commentaire, c'était un enthousiasme. Sa face noble s'illuminait. Il en oubliait les soins matériels de la vie. Un soir d'hiver que nous expliquions l'Antre de Porphyre, je dus lui dire tout à coup qu'il faisait plus froid dans sa chambre sans feu que dans l'Antre des Nymphes. »

En sa qualité d'helléniste, Ménard poursuivait le divin sur tous les plans de l'univers : comme peintre dans la nature, comme poète dans son âme, comme citoyen dans la société. Il vécut et travailla avec les peintres de Barbizon, avec Troyon à Toucques, avec Jules Dupré à l'Isle-Adam, avec Rousseau. Pendant dix années, il a exposé une quantité de paysages au Salon. Le public les méconnut, mais Théophile Gautier les aima. J'ai vu l'entassement des toiles de Ménard couvertes de poussière dans sa maison de la Sorbonne. On dit avec justesse que le délicieux peintre-poète René Ménard a hérité et employé les dons de son oncle. Après avoir inspiré les hautes pages d'esthétique qui précèdent la première édition des *Poèmes antiques*, Louis Ménard publia ses propres poésies (1855), mais en façon de testament. S'était-il découragé devant la maîtrise de son ami ? « Je publie ce volume de vers, qui ne sera suivi d'aucun autre, disait-il, comme on élève un cénotaphe à sa jeunesse. Qu'il éveille l'attention, ou qu'il passe inaperçu, au fond de ma retraite, je ne le saurai pas. Engagé dans les voies de la science, je quitte la poésie pour n'y jamais revenir. » Essentiellement, ce qu'il demandait à l'étude de l'hellénisme, c'était d'accorder ses méditations et son activité, ses rêves d'art, sa turbulence révolutionnaire de jeune Parisien et son incontestable générosité citoyenne.

Au cours de ses longues rêveries dans les bois, sa prédilection pour la Grèce et sa haine de la Constitution de 1852 s'amalgamèrent. Il s'attacha au polythéisme comme à une conception républicaine de l'univers. Pour les sociétés humaines comme pour l'univers, l'ordre doit sortir de l'autonomie des forces et de l'équilibre des lois ; la source du droit se trouve dans les relations normales des êtres et non dans une autorité supérieure : Homère et Hésiode prononcent la condamnation de Napoléon III.

Ménard exposait ces vues à M. Marcelin Berthelot, au cours de longues promenades péripatéticiennes, sous les bois paisibles de Chaville et de Virollay. M. Berthelot et son ami Renan étaient des réguliers. Ils pressèrent Ménard de donner un corps à ses théories ingénieuses sur la poésie grecque, les symboles religieux, les mystères, les oracles, l'art, et de passer son doctorat. Ils auguraient que sa profonde connaissance du grec lui assurerait une belle carrière universitaire.

La soutenance de Ménard eut beaucoup d'éclat. Nous avons sa thèse dans le livre qu'il a intitulé : *La morale avant les philosophes*, et qu'il compléta, en 1866, par la publication du *Polythéisme hellénique*. C'est quelque chose d'analogue, si j'ose dire, au fameux livre de Chateaubriand ; c'est une sorte de *Génie du polythéisme*. Le polythéisme était un sentiment effacé de l'âme humaine ; Ménard l'a retrouvé. Il est le premier qui n'ait pas partagé l'indignation de Platon contre la mort de Socrate. Socrate se croyait bien sage de rejeter les traditions antiques et de dénoncer des fables grossières ; il pensait épurer l'intelligence athénienne et dissiper les ténèbres de l'obscurantisme, mais un scepticisme général sortit de son enseignement. Un peuple qui a renié ses dieux est un peuple mort, écrit Ménard. Et ce n'est pas l'art seulement, c'est la liberté qui mourait avec le polythéisme.

Le nouveau docteur désirait de partir pour la Grèce et il allait l'obtenir, quand un fonctionnaire s'y opposa, sous prétexte que la thèse du postulant se résumait à dire que « le polythéisme est la meilleure des religions, puisqu'elle aboutit nécessairement à la république. »

Ce fonctionnaire impérial avait bien de l'esprit.

Avec son émotivité d'artiste et de Parisien, Ménard était à point pour participer à tous les enthousiasmes et toutes les bêtises de l'*Année terrible*. Heureusement qu'une pleurésie l'empêcha de prendre part à la Commune. Il se serait fait tuer sur les barricades ou exécuter par les tribunaux de répression. Il ne put que la glorifier. Ses amis blâmèrent son exaltation. Il s'enfonça tout seul dans l'ombre.

Il y médita son chef-d'œuvre, les *Rêveries d'un païen mystique*.

Ce petit volume mêlé de prose et de vers, d'une dialectique allègre et d'un goût incomparable, un des honneurs du haut esprit français assailli par le vulgaire et par les étrangers, peut servir de pierre de touche pour reconnaître chez nos contemporains le degré de sensibilité intellectuelle.

Nos plus illustres mandarins, la chose éclate avec scandale dans le *Tombeau de Louis Ménard* (édité par le jeune Édouard Champion), ignoraient ou ne comprirent pas Ménard. C'est qu'à notre époque, il y a plus d'écrivains à tempérament que d'esprits justes et plus de brutalité que de maîtrise.

Sur le tard, l'auteur des *Rêveries* eut une grande satisfaction. Le conseil municipal de Paris, soucieux de dédommager un vieil enthousiaste révolutionnaire, créa pour Ménard un cours d'histoire universelle à l'Hôtel de Ville. Louons les gens d'esprit qui firent agréer Ménard par une majorité d'anticléricaux et de socialistes bien incapables de le juger. En réalité, les idées sociales et religieuses du vieil hellénisant ne pouvaient satisfaire aucun parti ; même elles devaient déplaire gravement à tous les élus, de quelque coterie qu'ils fussent, car le programme politique de Ménard, c'est, avant tout, la législation directe et le gouvernement gratuit, qu'il emprunte aux républiques de l'Antiquité. Ménard méprisait de tout son cœur notre prétendue démocratie : « Je resterai dans l'opposition, m'écrivait-il un jour, tant que nous ne serons pas revenus à la démagogie de Périclès. » Dans cette attente, et pour mieux protester contre un siècle trop peu athénien, il se tenait dans les partis extrêmes ; mais il repoussait le parti des satisfactions du ventre. Il ne pensait pas qu'on pût se passer d'une règle idéale pour la conduite de la vie. Cela éclate dans ses cours, dédiés à Garibaldi, comme au champion de la démocratie en Europe. Ils sont d'un grand esprit, mais qui mêle à tout des bizarreries. « J'aime beaucoup la Sainte Vierge, m'écrivait-il ; son culte est le dernier reste du polythéisme. » À l'Hôtel de Ville, il justifiait les miracles de Lourdes et, le lendemain, faisait l'éloge de la Commune. Le scandale n'alla pas loin, parce que personne ne venait l'écouter.

En hiver, Ménard professait dans la loge du concierge de l'Hôtel de Ville. À quoi bon chauffer et éclairer une salle ? N'était-il pas là très bien pour causer avec l'ami et unique auditeur qui le rejoignait ?

C'est peut-être chez ce concierge et dans les dernières conversations de Ménard qu'on put le mieux profiter de sa science fécondée par cinquante ans de rêveries. Ce poète philosophe n'avait jamais aimé le polythéisme avec une raison sèche et nue ; mais, à mesure qu'il vieillit, son cœur, comme il arrive souvent, commença de s'épanouir. Il laissa sortir des pensées tendres qui dormaient en lui et qu'un Leconte de Lisle n'a jamais connues.

Il me semble que nous nous augmentons en noblesse si nous rendons justice à toutes les formes du divin et surtout à celles qui proposèrent l'idéal à nos pères et à nos mères. Leconte de Lisle m'offense et se diminue par sa haine politicienne contre le Moyen Âge catholique. Il veut que cette haine soit l'effet de ses nostalgies helléniques ; j'y reconnais plutôt un grave inconvénient de sa recherche outrancière, féroce du pittoresque verbal. Le blasphème est une des plus puissantes machines de la rhétorique, mais une âme qui ne se nourrit pas de mots aime accorder entre elles les diverses formules religieuses. Ménard se plaisait à traduire sous une forme abstraite les dogmes fondamentaux du christianisme, afin de montrer combien ils sont acceptables pour des libres penseurs. Et par exemple, il disait que, si l'on voulait donner au dogme républicain de la fraternité une forme vivante et plastique, on ne pourrait trouver une image plus belle que celle du Juste mourant pour le salut des hommes.

Je soupçonne bien qu'il y a une part de jeu littéraire dans cette interprétation des symboles, mais elle est servie, protégée par un goût exquis. C'est de la science animée par le plus délicat amour. Et puis, de tels jeux de l'esprit sont d'une grande importance pour la paix sociale. Ils permettent de concilier la foi, le doute et la négation ; ils aident des athées, des esprits passionnés pour l'analyse et l'examen à éviter l'anarchie et à s'accommoder de l'ordre traditionnel qui porte nos conceptions de la vertu et de l'honneur.

Je ne puis pas regarder sans attendrissement la position qu'a prise Ménard dans l'équipe des Burnouf, des Renan, des Taine et des Littré. Ces grands travailleurs attristés, attristants, nous font voir les dieux incessamment créés et puis détruits par nous autres, misérables hommes Imaginatifs. La conséquence immédiate de cette vue sur la mutabilité des formes du divin devrait être de nous désabuser des dieux. Mais par une magnifique ressource de son âme de poète, Louis Ménard y trouve un argument de plus en leur faveur. Ils sont tous vrais, puisqu'on doit voir en eux les affirmations successives d'un besoin éternel.

Que l'on me passe une image qui n'est irrespectueuse qu'en apparence. Ménard me fait songer à la sœur de Claude Bernard, qui, pour réparer les crimes de la physiologie, a ouvert un asile de chiens. Louis Ménard, le compagnon de ces philologues qui détruisirent, chez nous, la religion, a prétendu abriter dans son intelligence tous les dieux. Il ne les jette point ignominieusement au Schéol ; il les recueille et les honore comme sur un Olympe, dans sa conscience d'historien et d'artiste. Chez ce grand Aryen vivent côte à côte toutes les formes de l'idéal. Ménard n'a pas jeté le cri blasphémateur de James Darmesteter, un cri dont Leconte de Lisle se convulsait de plaisir. James Darmesteter, âpre prophète d'Israël, a vu dans un songe le Christ tombé du ciel et assailli par les huées des mille dieux qu'il avait détrônés : « Te voilà donc blessé comme nous, Galiléen, te voilà semblable à nous. Ta splendeur s'est éteinte et tes lyres se sont tues. » Ménard n'admet point qu'aucune splendeur se soit éteinte, ni qu'aucune lyre se soit tue. Il prophétise la communion universelle des vivants et des morts, la grande paix des dieux. Et, spécialement, il honore dans le christianisme l'héritier de la morale grecque. Entre tous les grands systèmes encore vivants de philosophie sociale, seule la doctrine du Christ fait une place pour l'énergie virile de la lutte contre soi-même, pour l'héroïque effort de la volonté ; elle établit la suprématie de l'âme sur les attractions du dehors.

Toutefois, pour nuancer exactement la pensée chrétienne de Ménard, observons qu'il disait : « Je ne puis être chrétien, qu'à la condition d'être protestant, car je tiens absolument à garder mon droit illimité de libre examen et d'interprétation. » Peut-être suivait-il là une inclination de famille ; je suppose que c'est lui-même qui parle, quand il fait dire à un personnage de ses petits dialogues : « Mon trisaïeul est mort dans la persécution qui suivit la révocation de l'Édit de Nantes et ses enfants ont été convertis au catholicisme par autorité du roi. » Plus sûrement, il subissait les mêmes influences intellectuelles qui décidèrent un Taine, né catholique et devenu un pur stoïcien, à réclamer pour son enterrement un pasteur. Dans ce temps-là, Renouvier, l'ami de Ménard, voulait protestantiser la France. Il faudra qu'on étudie un jour comment la crise de 1870-71 obligea et oblige encore les libres penseurs individualistes à reconnaître la nécessité d'un lien social, d'une religion.

La Grèce avait été présente sous chacune des pensées et l'on peut dire sous chacun des actes de Ménard. C'est sur la guerre de l'indépendance hellénique, de 1821 à 1828, qu'il fit ses dernières leçons. Ce suprême hommage à ses chers Hellènes fut d'ailleurs annulé par l'étrange manie où il venait de tomber.

Vers la fin de sa carrière, ne s'avisa-t-il pas de se passionner pour la réforme de l'orthographe ! Ses ouvrages n'ayant jamais eu les lecteurs auxquels son génie l'autorisait à prétendre, il se préoccupa de dégoûter ses rares fidèles. Il fit des sacrifices pour qu'on réimprimât les *Rêveries d'un païen mystique* en orthographe simplifiée. Il ne simplifiait ni la tâche de ses lecteurs ni la tâche de ses imprimeurs. Ce nouveau texte est ignoble à l'œil et, pour l'entendre, il faut le lire à haute voix.

J'ai eu l'honneur d'avoir Ménard pour collaborateur à *la Cocarde* (septembre 1894 à mars 1895), où furent ébauchées toutes les idées d'une régénération française. Il s'agissait de faire « sentir que le parti fédéraliste était le parti national et que le parti national perdrait les trois quarts de ses forces s'il ne devenait pas un parti fédéraliste. On insistait pour substituer au patriotisme administratif un patriotisme terrien et remplacer l'image de la France idéale chère à quelques rhéteurs par l'idée d'une France réelle, c'est-à-dire composée, comme dans la réalité, de familles, de communes et de provinces : tous éléments non point contraires ou divisés entre eux, mais variés, sympathiques et convergents[1]. » Louis Ménard nous avait apporté une belle étude : *Les classes dirigeantes et les ennemis de la société*. Il désira qu'elle fût orthographiée d'après son système. Il fallut plus de cinq épreuves pour arriver à maintenir les fautes que la grammaire réprouvait, et que Ménard exigeait. Quand le secrétaire de rédaction, enfin, eut obtenu le bon à tirer, le public se fâcha : « Quel charabia incompréhensible ! » Et Ménard se désolait : « Ils ont encore corrigé mes fautes. »

Il y a du défi au public dans cette extrémité d'un homme de grand goût gâtant son œuvre à plaisir. Une part de responsabilité est imputable à mon homonyme M. Jean Barès, qui est venu de Colombie à Paris pour réformer le français. Un galant homme, d'ailleurs, et qui donne l'exemple du sacrifice de toutes les manières. Il consacre ses revenus à subventionner ceux qui écrivent aussi mal que lui, c'est-à-dire qui suppriment les lettres redoublées, et même, pour donner l'exemple, il s'est exécuté, il a supprimé un *r* dans notre nom. Mais pourquoi ne s'appelle-t-il pas Jan, comme jambon ?

Puisque toute manière d'écrire est conventionnelle, je ne perdrai pas mon temps à apprendre une nouvelle orthographe. L'honorable Colombien me dit qu'il y a des règles compliquées et des mots difficiles. Eh ! monsieur ! qui vous empêche de faire des fautes ? On ne vous mettra pas à l'amende.

Je souhaite que M. Jean Barès échoue dans son apostolat. Pour tout le reste, mes vœux l'accompagnent, car il plaisait beaucoup, je dois le reconnaître, à mon vénéré maître Ménard. D'ailleurs nous devons à ce fâcheux M. Barès une page délicieuse. Je veux la transcrire, charmante et bizarre, telle qu'il l'a donnée dans le *Tombeau de Louis Ménard*.

« Malgré tous ses déboires, Ménard avait conservé un fond de gaîté... Lors de sa dernière vizite au *Réformiste* (c'est le journal de M. Barès), nous cauzâmes longuement de la réforme, de la vie et même de la mort q'il sentait venir.

« — Je suis vieus et bien cassé, me dizait-il, néanmoins une bien grande et bèle dame est devenue amoureuse de moi et a solicité mon portrait.

« — Diable, lui dis-je, céte dame ne semble pas vous croire aussi cassé qe vous prétendez l'être.

« — Je n'en sais rien, me dit-il, mais le fait est vrai.

« — Mon cher maître, je n'en doute pas.

« — Oui, je vois qe vous en doutez, et pour qe vous n'en doutiez plus, je vais vous dire son nom.

« — Comme vous voudrez.

« — Eh bien ! la dame en question n'est autre que la ville de Paris qi m'a demandé le portrait dont je vous ai parlé pour le placer au muzée du Luxembourg.

« Aussitôt son explication terminée, le cher maître se mit à rire et je fis comme lui, bien qe ce fût un peu à mes dépens.

« Un moment plus tard Ménard reprenait :

« — La ville de Paris n'est pas la seule dame qi me dézire, je suis aussi courtisé par une autre. Céte dernière est moins bêle, mais èle est encore plus puissante, ce qi ne suffit pas à me la faire aimer. Néanmoins, èle sait qe je ne la crains pas. Voulez-vous savoir son nom ?

« — Je veux bien.

« — Èle s'apèle la Mort.

« Hélas ! les deus amoureuzes de l'inoubliable et grand Louis Ménard ont obtenu satisfaction : l'une a reçu le portrait et l'autre a emporté l'original. »

Quelle charmante histoire, n'est-ce pas, mais quelle cacographie !

La dernière fois que je vis Louis Ménard, il se réjouissait d'une longue étude que Philippe Berthelot, le fils de l'illustre savant, projetait sur son œuvre. Je me serais bien mal expliqué dans les pages qui précèdent si l'on pouvait admettre chez le vieux philosophe déclinant la moindre vanité d'auteur : « Ne parlez pas de moi, parlez de mes idées, » disait-il à son jeune admirateur. Philippe Berthelot promit à Louis Ménard de « bien parler des dieux d'Homère. » Le pauvre et délicieux homme est mort sans cette satisfaction qu'il attendait impatiemment.

Depuis lors, Philippe Berthelot a publié des *Pages choisies*, précédées d'une étude digne de son objet. J'en veux citer une belle page :

« Louis Ménard est mort le 9 février 1901, dans cette petite rue du Jardinet qui traverse la cour de Rohan, blottie au creux d'un mur d'enceinte du vieux Paris ; c'est là qu'il s'est éteint au milieu des ouvriers et des gens du peuple, pour qui il avait rêvé la justice ; au ras de terre, car il ne pouvait plus marcher. À son chevet le vieux païen a cru voir la sombre figure des Érynies et il a confessé ses fautes. Mais devons-nous oublier l'indifférence du siècle ? À son heure dernière, accablé par le sentiment de sa solitude, il a douté de son génie. Il est parti, délaissé par ceux à qui il avait tout donné ; mais pardonné de celle qu'il avait aimée et méconnue : c'est à peine si l'on a pu mettre dans sa main fermée une de ses belles médailles grecques, l'image divine d'Athéné, l'obole que réclamait Charon. »

Il y a dans ces lignes harmonieuses et voilées tout le drame intime de la vie de Ménard.

J'ai bien des fois cherché à comprendre ce véritable scandale qu'est l'échec de Louis Ménard. Comment l'un des esprits les plus originaux de ce temps, à la fois peintre et poète, érudit et savant, historien et critique d'art, admiré de Renan, de Michelet, de Gautier, de Sainte-Beuve, a-t-il pu vivre et mourir ainsi complètement inconnu du public ?

L'ardeur de sa pensée démocratique a-t-elle éloigné de lui les craintifs amis des lettres ? A-t-il distrait la gloire en s'essayant dans des genres si divers ? Peut-être, mais surtout il y a trop de gens qui lisent aujourd'hui. Leur masse, en se portant sur un livre médiocre, crée des succès injustifiés et rejette dans l'ombre des ouvrages de la plus haute valeur.

Je crois, en outre, que Ménard fut gêné de la manière la plus déplorable et la plus comique par un tas d'homonymes. Sa découverte du collodion est attribuée par les dictionnaires spéciaux à un Américain nommé Maynard qui, de bonne foi, la refit en effet, après lui, et, sans les rectifications proposées par M. Berthelot, l'erreur durerait encore. Plusieurs littérateurs, dont un qui eut cette aventure de publier comme inédites des pages de Bossuet qui figuraient déjà dans les *Œuvres complètes*, portent les noms de Menars, Mesnard, Maynard et même de Louis Ménard ; ils n'ont pas peu contribué à embrouiller les notions du public. Un jour que j'avais cherché dans un article de journal à tracer de notre maître une image exacte et noble, un lecteur m'écrivit : « Merci, monsieur, de nous avoir donné, à ma femme et à moi, des nouvelles du joyeux compagnon qui nous a tant fait rire dans un voyage à Dieppe l'an dernier. Nous avions bien soupçonné que ce charmant garçon écrivait, car personne ne tournait comme lui le calembour. » Mon correspondant s'égarait grossièrement. Le sentiment religieux demeura toujours le centre de Ménard, et même cette préoccupation suffit à expliquer son échec auprès du public. L'attitude d'un laïque et d'un libre penseur, qui, sans préoccupation polémique, étudie le divin, est peut-être bien ce qu'il y a de plus étranger à notre goût français.

Ménard posséda toutefois un disciple, M. Lamé, esprit exalté, d'une rare distinction. Il ne le garda pas longtemps. Après avoir prié Brahma toute une nuit, M. Lamé se jeta par la fenêtre en disant :

— Je m'élance dans l'éternité.

Un ami commun, M. Droz, ne voulut pas croire à cette mort extraordinaire.

— Je savais bien qu'il était fou, disait-il à Ménard, mais je croyais que c'était comme vous.

Ces hautes préoccupations du sentiment religieux plaisent beaucoup aux étrangers ; Ménard, s'il était traduit, aurait un immense succès dans les pays anglo-saxons. Avant la guerre, il y avait des curiosités de cette sorte en France. Elles nous valurent certaines *Méditations* de Lamartine, le *Port-Royal* de Sainte-Beuve, l'œuvre de Renan et la poésie de Leconte de Lisle. Je suis arrivé à Paris assez à temps pour en recueillir l'écho. Mais, de plus en plus, notre inaptitude à saisir ce qu'est la religion se constate par l'impuissance où nous sommes, plus qu'aucun autre peuple en Europe, à résoudre nos difficultés éternelles de cléricalisme et d'anti-cléricalisme. Nos lettrés, à cette heure, ne font plus oraison. Pour ma part, je dois l'avouer, quand Ménard, depuis l'Acropole ou, plus exactement, depuis le Serapeum d'Alexandrie, regarde l'écoulement éternel de la matière divine, il m'inspire du respect plutôt qu'il ne conseille mon activité. J'admire son grand art, jamais appuyé, d'écrivain ; je m'ennoblis en goûtant sa poésie ; sa figure solitaire, un peu bizarre, me repose de tant d'âmes intéressées ou communes ; parfois j'invoque son autorité, puisque aussi bien il a entrevu certaines conséquences de ce culte des morts qui semble se former dans nos grandes villes modernes ; et pourtant, sa pensée de fond, son polythéisme m'ennuie. C'est peut-être Ménard qui m'a conseillé le voyage de Grèce, mais sa voix, si plaisante sous le ciel nuancé de Paris, n'a tout de même pas su m'émouvoir d'une vénération qui donnât leur sens plein, leur vie mystique aux temples quand je foulai le vieux sol pittoresque.

Maurice Barrès.

---

1. Charles Maurras : *L'Idée de la décentralisation*.

Copyright © 2022 par Alicia Éditions
Credits Images : www.canva.com,
Création graphique : Alicia Éditions
Modernisation du texte : Alicia Éditions
Tous droits réservés

www.ingramcontent.com/pod-product-compliance
Lightning Source LLC
LaVergne TN
LVHW032203070526
838202LV00008B/292